A WOMAN'S ENTREPRENEURSHIP

マイペースで働く！

女子のひとり起業

「ひとり起業塾」主宰
滝岡幸子

同文舘出版

はじめに　この本を手に取ってくださったあなたへ

「主婦だって、好きなことを仕事にしたい！」
「会社員でもなく、パートでもなく、もっとマイペースに働きたい！」
「女性だけが育児や介護を担うのでなく、自分らしい生き方がしたい！」

ほとんどの女性が、ココロの底から思っていることではないでしょうか？　むかしは、結婚したり、介護がはじまると、女性が仕事を辞めるのが一般的だったかもしれません。ですが今は、女性だって「いくつもの顔」を両立させる時代。ところが、「働き続けたい」と女性が強く願う一方で、「家族のこと」や「趣味」と〝お仕事〟を両立させやすい環境は、まだ整っていません。

この本には、家庭の事情、自分の置かれた環境をふまえて、お仕事を「時間と場所を自由に調整しながら、マイペースに」やっていこう！　という願いが込められています。

同時に、「背水の陣で、これがダメになったら崖から落ちてしまう」という切迫した状況ではなく、「あまりお金をかけずに、自分の仕事をつくる」「人生のそれぞれの時期を柔軟に過ごしながら、息長くお仕事を続けていく」という考え方が中心になっています。

●「お金」になるのは、あなたの「経験」と「得意なこと」！

多くの起業家さんにお会いして感じるのは、「人生の経験」は、「お金」になる！ということ。たとえば、「料理の得意な主婦が、家庭料理の定食屋をオープン」「口下手な女性がスピーチ教室にたくさん通った経験から、初心者でもうまく話せる講座を開講して大人気に」「数ヶ所の保育園に勤めたことがある女性が、新しいタイプの保育施設を開く」「長年悩んだカラダの不調がヨガで治ったことをきっかけに、ヨガを学び、ヨガ教室をはじめる」「3人の子育てで得た知恵で、子育てアドバイザーに」「学生時代から編み物が得意で、ぬいぐるみ作家に」等、自分の経験を職業に変えている女性がたくさんいます。

本書には、20代から70代まで10名の現役・女性起業家さんが登場します。もともと別のお仕事をされていたけれど、自分の「好き」「悩みの克服」「家庭との両立」「第二の人生」などのさまざまな経緯で、ひとり起業をされた素晴らしい方々です。

●女子起業の「成功の鍵」は、「気楽に」はじめること！

この本は、「起業したい女性」から「起業して数年経った方」や「仕事と家庭の両立に悩みはじめた方」におススメします。起業と言うと大それた感じがするかもしれませんが、最初は、あまり気張らなくて大丈夫。ビジネスにはいかようにも変化できる柔軟さが必要で、女性はそれにピッタリ‼ なのです。

お仕事をはじめる時も「ちょっとやってみよう」みたいなユルさが、よいビジネスを見つける鍵。お店をはじめるにしても、「たくさんお金を使って準備し、内装ばっちりのお店をつくってから」にこだわると、もし人が集まらなかった場合、それはもう大変！ 多くの借金を背負ったまま、開業1年以内にお店をたたまなければなりません。一方、「おいしいクッキーを、フリーマーケットで20袋だけ売ってみよう」なら気軽にできるし、もし失敗しても大したことないですよね？ 最初はお金を極力かけず、軽い気持ちで「売れるかどうか、試してみる」感じでいいのです。そんなふうにはじまった、女性の起業家さんがいっぱいいらっしゃいます。

自分の置かれた状況で、マイペースに働いてハッピーになる！

あなたらしい働き方をつくり出しませんか？

「ひとり起業塾」主宰　滝岡幸子

2015年10月吉日

もくじ

マイペースで働く！　女子のひとり起業

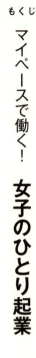

Part 2

女性の強みを活かしたお仕事のはじめ方

女子の起業の鉄則

Part 3

こんなお仕事はじめませんか？

ひとり起業のお仕事紹介

Part 4

誰に、何をどうやって売りますか?

Part 5

起業とお金のはなし

Part 6

オンナだからこそ、時間術

Part 7

困難こそチャンス！成功を引き寄せる思考術

カバーデザイン／高橋明香（おかっぱ製作所）
本文デザイン・ＤＴＰ／新田由起子、川野有佐（ムーブ）
刺繍イラスト／シマヅカオリ
本文イラスト／大野文彰

Part 1

自分の人生を自分でつくろう！

no.01

いくつも両立し、一生働く女性が増えています！

「一生働き続けたい」という女性が増えています。時代のキーワードは、「両立」。何かひとつだけを選ぶ、という時代ではありません。いくつも「かけもち」で生きていく！

ところが、女性は家事、子育て、親の介護といった家族のケアを担うことが多く、「やむを得ず、お仕事を辞めた」という人もハンパなく多いのです。

日本人女性の就業率は「M字カーブ」と言われていて、20代で最高になり、30〜40代前半で落ち込み、40代後半で再上昇しています。２０１５年の20代就業率は72〜77％ですが、30〜40代前半で65〜70％に落ち込み、40代後半に75％に戻っています。

でも、定年のある仕事でなく、「自分のお仕事」をつくってしまえば、頭とカラダが続く限り働けます。生涯現役の女性はたくさんいて、90歳になっても取材を続けるフォトグラファー、定食屋を切り盛りする80歳のおばあちゃん、自宅で料理教室を20年続けている65歳の女性。そう言えば、私の祖母も90歳近くまで、たばこ屋を続けていました。

「○○」＋お仕事、いくつも「かけもち」する時代！

子どもが保育園、幼稚園、小中学校に通う時間帯と早朝、夜時間にお仕事を進めます。「職住接近」がキーポイント。高校、大学生になれば、もうたっぷりお仕事ができますね

介護施設や外部人材と協力して介護をしながら、細切れ時間を使ってお仕事をします。外に出てお仕事をし、自分の時間をつくることが何よりもリフレッシュに

ダンナ様の転勤のたびに仕事を辞めたり転職しなければならない女性が多くいます。インターネットと「オリジナリティのあるお仕事」で、新しい土地に行っても仕事を続けることができます

たとえば、音楽、ものづくり、演劇といったアートを続ける際、その活動自体で収入を増やしながら、クリエイティブに。そして、生活費の中心はアルバイトで稼ぐ、という生き方

女性が働く限り、お仕事が「細く」なる時期もあります。実は、私自身も子どもが生まれたばかりの頃、「なぜ、めいっぱいお仕事ができないのだろう」と心の底から悩みましたが、子どもが成長するにつれ、時間の使い方や両立の知恵がつき、仕事時間を長くすることができています。また、バリバリ働いていた50代のある女性は、親の介護で仕事を辞めざるを得なくなりましたが、3年後に少しずつお仕事を再開。一時的に「細く」なっても、自分で時間をコントロールできるお仕事をつくりましょう！

no.02

あなたが欲しいのは、「お金」「自由な時間」「家族と過ごす時間」「生きがい」？

あなたが送りたいのは、どのような人生ですか？　また、「一番、譲れないこと」は何ですか？　欲しいのは、「お金」「自由な時間」「家族と過ごす時間」「名声」「やりがい」、どれですか？　もちろん全部欲しい！　と思われるでしょうが、すべてを一度に手に入れることは難しいかもしれません（これについては後で述べます）。どのポイントを重要視するかは、人によってさまざま。また、時期によってまったく違うものを選択するかもしれません。だから、「成功の定義」も、ひとつに決められないんですね。誰かの幸せではなく、**あなた自身にとって一番大切なもの**を手に入れることが「成功」だと思うのです。

＊あなたが本当に欲しいものは、何ですか？

ちなみに、「お金」と「自由に使える時間」の量は、反比例します。以前、年収と労働時間の関係を調べたことがありますが、そこでわかったのは、どのような仕事も「時給」

と「負う責任」、そして「その仕事に就くまでに要した時間」に換算してみると、それほど大差がないこと(もちろん例外も多々ありますが)。年収が多い人は労働時間が長いので、自由な時間は少なく、仕事上で負う責任も大きい。逆に、短時間だけ限られた範囲内で働いていれば、時間外の責任は負わないけれど、収入も減る。

若い時に大金を得る職業は、定年も早く転職を余儀なくされます。たまに、お金も時間もたくさん得られる、という方もいますが、その場合、自由に過ごせる時間は多いけれど、いつも頭の中はビジネスのことでフル回転、寝る間を惜しんで考えています。

お金よりも「生きがい」を選ぶ人もいるでしょう。人の喜ぶ顔に、価値があるからです。起業して手に入れられるものは、いろいろとあります。収入、自分でスケジュールを調整しやすく、家族との時間を優先して日程が組める、お客様に尽くすことで得られるやりがい等。ただ、その中でも「お金」か「時間」か？　の選択が必要でしょう。

本書で第一に優先するのは、「時間を調整しながら働く」という観点。家族の転勤、育児、介護等、さまざまな制約がある女性だからこそ、「どんな時にも、細くなる時期があっても長く働ける」方法を見つけていきたいと思っています。それに合わせて、しっかり収入もアップしていきたいですね。

no.03

「人生80年グラフ」を描いてみよう！

自分らしい生き方を探す時には、人生を円グラフで描いてみるといいでしょう。女性の平均寿命を80歳として、円グラフの4分の1が20歳、半分までいくと40歳。子ども時代、学生時代、お仕事、主婦業、子育て、介護、趣味を楽しむ時期。なかなか面白いので、珈琲か紅茶でも飲みながら、書き込んでみてくださいね。さて、あなたの人生は、どんなことを中心に回っていますか？　家族のこと？　お仕事？　恋愛や彼氏を支えること？　芸術活動に命をかけている？　いくつか並行していることもありますね。

私が主宰する「ひとり起業塾」のセミナーでは、「子育てに10年間集中し、大きなブランクができた」「介護のために仕事を辞めて3年経ち、仕事に復帰できるか不安」という女性の声を聞きますが、円グラフを見ると、その期間は思っているよりも短いものだと気づくことでしょう。そしてこれからは、どんなことを一所懸命にやりたいか？　をじっくり考えて書き込んでみてください。何で埋めるか考えると、ワクワクしてきませんか？

「人生80年グラフ」の例

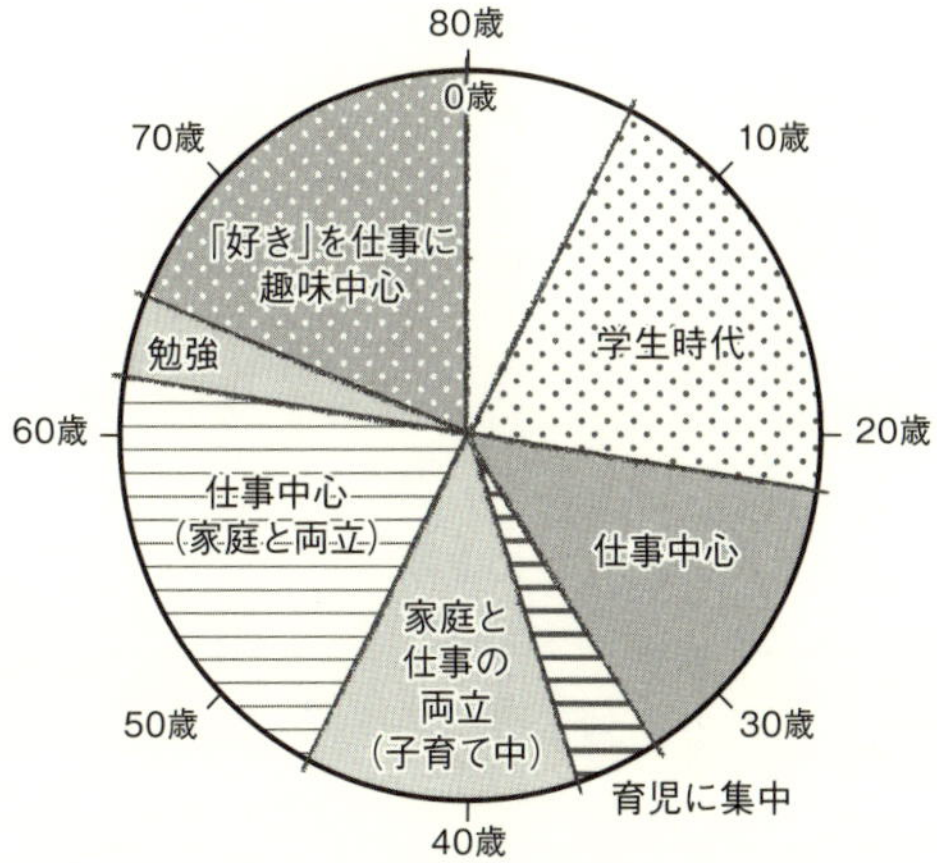

あなたの「人生80年グラフ」（書き込んでみましょう）

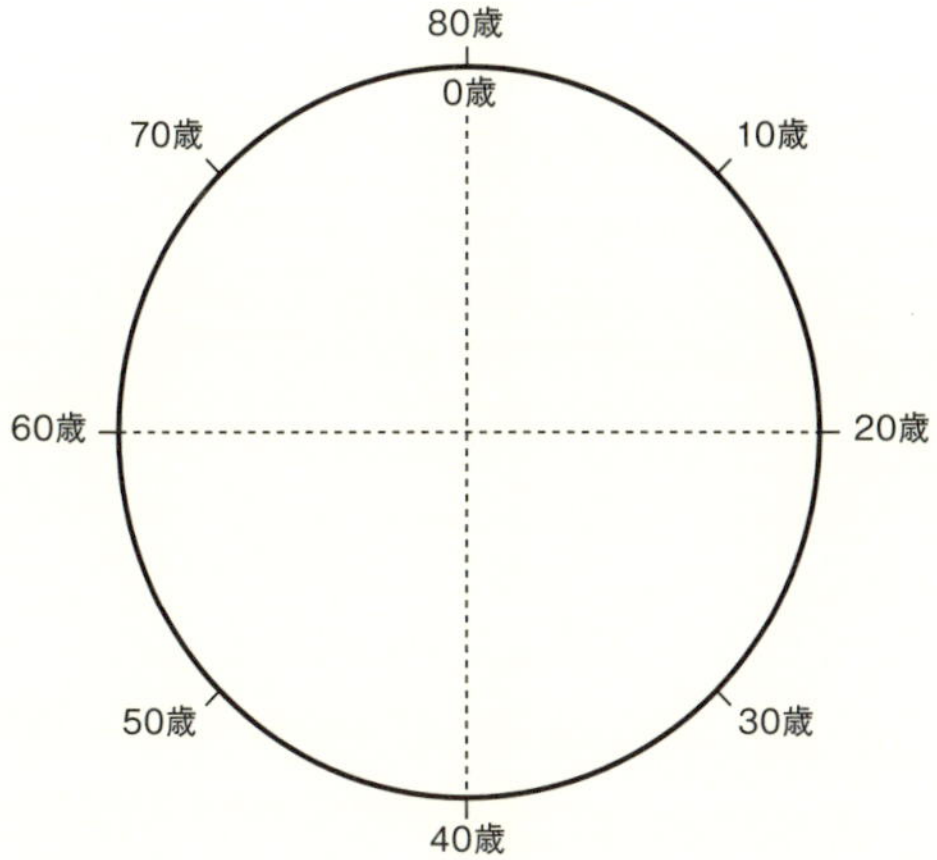

no.04

「ひとり起業」ってどんなもの？

ひとりで起業し、基本的にひとりで事業を運営する、これが「ひとり起業」。この「ひとり起業」というネーミングと定義は、２００３年7月、ちょうど「ひとり起業塾」の開講を決めた時期に、私が考案しました。

ひとり起業の定義は、「たったひとりで起業し、ビジネスを継続していくこと」。そして「社長・事業主自身のスキルや知識を売る商売」、つまり「社長自身が商品」。たとえば、ひとりで運営するおでん屋の女将兼料理人、ネイルサロンを運営するオーナー、うさぎ専門ショップを運営する店主、フラワーアレンジメント教室の先生、パティシエ、ウェブデザイナー等。家族が経理を手伝ったり、事務や電話番のアルバイトがいても、社長自身がいないと商売が成り立たないのであれば、「ひとり起業」と考えています。

＊「ひとり起業」できる環境が整った！

今、ひとりで起業し、ずっとひとりで働く起業家が急増しています。2000年くらいまでは、ひとりで何でもこなすなんて難しい業種もあったけれど、今ではインターネット接続環境やパソコン、スマホ等の軽い電子機器が充実し、ひとり起業が続けやすくなりました。昔なら、起業家がどこかに旅行へ行く時には、電話番が必要。思い起こせば、私の父がやっていた印刷屋の電話番は、小学校帰りの私でした。

一方、今ではどこでもケータイで電話は受けられるし、メールの返信もできる。おまけにノートパソコンは年々軽くなり、もうすぐパソコンで行なっていた操作はスマホやスティック型パソコンでできるようになるでしょう。ポシェットひとつで、どこでも、オフィス机のような状態に。つまり、いつでも、どこでも仕事ができるようになったのですね。

たとえば、料理研究家だって、自分で考えたレシピをスマホで写真に撮り、出版社やレシピサイト会社にすぐに送れます。ホームページやブログを自分で簡単につくって、料理教室の予定を掲載。ネットで見て興味を持った人がメールで問い合わせて、生徒さんになったり……。「レシピの考案」「レッスン日時の告知」「集客」に至るまで何でも、キッチン横の一畳くらいのスペースでできてしまいます。メールなら、電話の問合せのように即時回答する必要もありません。「空いた時間」にお返事ができる。だから、家事、育児、介護と両立できるのです。

no.05

女性が起業に向く理由①

経営コンサルタントになってわかったことですが、女性は起業に向いています。その理由は、①「すぐに人と親しくなれるコミュニケーション力」、②「生活者」目線、③「柔軟性」、④「マルチタスク能力」、そして、⑤危ない挑戦を避ける「身の丈思考」があるから。

それぞれをご説明しましょう。

＊①誰とでも仲よくなれるコミュニケーション力

男女脳の研究でも明らかになっていることですが、男性は「縦並び」を重視するのに対して、女性は「横並び」の意識が強い。男性は役職や序列を大切にするので、もし自分の方法が正しいと思っても、組織のやり方に従います。一方、女性は、相手の年齢や役職よりも、「その通りだ」と思うほうに同調します。別の言い方をすると、どんな相手でも「同じ目線」で会話をすることができるのです。だから知らない人とも、共通点があれば、すぐに仲よくなれる。こういった女性の横並び意識は、組織に属している時はしばしば問題となるのですが、起業する場合は別。「共通の話題（ビジネスの内容）」があれば、どんな人とも一緒にやっていけるのです。

＊②いつだって「生活者目線」

何しろ毎週スーパーマーケットで、隅から隅まで見てお買い物をしています。「こんなオシャレなもの、おいしい食べ物がある」という情報にも敏感で、フットワーク軽く出掛けますが、「価値があると思わなければ、買わない」という生活者感覚で生きています。だから、お客様の気持ちもわかるのです。ビジネスをする時、「自分だったら買うか？」を考えるマーケット能力も持ち合わせています。

no.06

女性が起業に向く理由②

「女性が起業に向いている理由」の続きです。

＊③いかようにも変化できる「柔軟性」

女性は、わりと柔軟。「こっちのやり方がいい」と納得すれば、今までのやり方を捨て、新しい方法に取り組みます。ビジネスではこの柔軟性が必要で、「○○のお店だけど、□□も売ってしまおう」とか、「さっき△△が売れたから、店頭に並べてしまおう」と、時代にマッチした方向へ進むことが大事。

また、「クッキーづくりが得意だから、食べてみない？」と気軽に言えるのも女性。そんなきっかけを積み重ね、数ヶ月後に、焼き菓子専門店をはじめたりして。

＊④いくつも同時進行できる「マルチタスク能力」

女性は、お鍋でおでんを煮ながら、廊下を掃除する、なんてお手のもの。途中で鳴った電話を取って、話しながらクイックルワイパーで掃除中。実は、テレビまで点いているかも！　このように複数のことを同時にこなす「マルチタスク能力」は、女性特有のもの。だから、介護や育児をしながらでも、お仕事ができます。忙しい中で起業するには大変な労力がいりますが、女性ならできます。最初は大変ですが、そのうちだんだんできるようになっていきます。

＊⑤そして危ない挑戦を避ける「堅実さ」

女性経営者の多くは、ムチャな橋は渡らない堅実さを持っています。地道にコツコツと、が得意。大きくはないけれど、ひとりで自分の事業をつくり上げて、運営している女性は多いのです。

女性は、「ハウスキーパー」「親の子ども」「パートナー」「母」「仕事人」「趣味人」と、いくつもの顔を持っていて、それが①～⑤の能力につながっているとも言えます。

no.07

「自立」「熱中」がキラキラした顔をつくる

テレビを見ていると、ハッとするほど美しい60代の女優さんをたくさん見かけます。吉永小百合さん、加賀まりこさん、夏木マリさん。彼女たちに共通するのは、仕事熱心なこと。現場で自分の意見をはっきり言うけれど、周囲の若いスタッフにも気を配るそうです。

仕事でも趣味でも「何かに熱中し続けている人」は、皆きれい。中小企業へコンサルティングに伺っていると、昨日までぼんやりと窓の外を眺めていた20代の女性が、好きな仕事に出会った途端、別人のように目をキラキラさせて美人になっていく場面によく遭遇します。私が調査したところでは、若い頃よりきれいになった人は例外なく、「自立している人」か「何かに熱中している人」。

女性は30歳を超えると、顔に「ココロ意気」が表われるそう。「熱心に取り組む生き方」が女性のキラキラをつくっているのでしょう。「自分でしっかり生きていこう」という「志」のある意志が、キリッとした横顔をつくっているのだと思います。

＊自立しているから、笑顔になれる

「微笑みの国　タイ」では、結婚後も多くの女性が働いているそうです。タイでは共働きが一般的で、女性の自営業者も多く、「お店をはじめちゃおう」という起業へのハードルも低い。通勤・通学の人たちに〝朝食を売る屋台〟をやっているのは、多くは家庭を切り盛りする女性たち。「屋台」という低資金でできる商売をひとりではじめ、家庭でもやっている食事づくりでお金をもらうなんて、何と素晴らしいことでしょう。仏教の国だから優しいと言われる彼女たちですが、実は家の中ではリーダーとして、家族や家政婦さんを取り仕切る頼もしい存在。「自活して生きようという決意」と「自立している自信」が、人生の「生きがい」や「楽しさ」を生み、他人への「優しさ」をつくっているのだと感じます。だから、しかめっ面じゃなく、いつも笑顔でいられる。世間では、そういう人を「キラキラしている」と表現するようです。

no.08

楽しい仕事と生きがいを手に入れる、9つの方法

欲しいものを手に入れるために、まず必要なのは、「本当は、何が欲しいのか?」を自分の心に問い直すこと。当たり前のようですが、「本当に欲しいもの」と、「世間で『持っているとカッコイイ』と言われているもの」って違うんですよね。

実は、静かな農村でのんびり暮らしたいのに、都会で人気のオシャレな街に繰り出して「何か、違う。こんなにがんばっているのに、いつ幸せになれるのだろう」と思っている人って、案外多いのかもしれません。また女性は、年を重ねることや身近な環境変化によって、求めるものが180度変わってしまうことも。**年に一度、「本当に欲しいもの」を自分に問うてみる**くらいでちょうどいいでしょう。

めざす場所(本当に欲しいもの)が決まれば、次に、今までとは「行動の仕方」を変えましょう。次ページの9つのことを実践することで、「本当に欲しいライフスタイル」を手に入れることができます。

本当に欲しいライフスタイルを手に入れる９つの行動

1 抜本的に「考え方」と行動を変える

人は「物事の捉え方」、いわゆる自分の考え方の“クセ”に縛られて生きています。この「考え方」を変えなければ、何も変えることができません。今まで持ち合わせていなかった価値観を新たに取り入れることになりそうです

2「何をするか」は自分で決める

3 迷ったら、「直感」に従う

「何をするか」の判断は、すべて自分で。成功した起業家はまわりの全員が反対しても、自分が正しいと判断したことを貫きます。「正解は、自分の中にしかない」のです

4 専門家、本、個別カウンセリング、セミナーの手を借りる

判断する時に役立つのが、専門家、本、個別カウンセリングやセミナーで得る情報やノウハウ。それらを自分の脳に沁み込ませて、どう「本心」と「直感」が反応するのか？　あなたの繊細な心に、敏感になれるのはあなただけ

5「自分ならできる」と信じる

「心から手に入れたいもの」とあなたらしい方法、その輪郭がくっきり浮かび上がれば、「自分ならできる」とあなた自身を信じることができるでしょう

6 失敗こそ、未来に役立てる

7 周囲の人に支えられ、その支援を受け入れる

私が出会った成功起業家に共通するポイントは、「甘え上手」。人の助けや好意はどんどん受け取って、支援者を増やしちゃいましょう

8「自分の本心」と深くつながる（世間体でなく、本当はどうしたいのか？）

9「どうしても成功したい理由」を持つ

なぜ、そのライフスタイルを手に入れたいのか？「家族のケアをしながらも、自分自身が輝きたい」「好きなことを追求したい」「自分の存在を世の中に認めてほしい」「過去の失敗を払拭したい」「家族を養いたい」「自由になるお金が欲しい」等、どうしても成功したい理由を、しまい込んだ胸の中から掘り起こしましょう

Part 2

女性の強みを活かしたお仕事のはじめ方

女子の起業の鉄則

no.01

起業の3パターン ①「チーター型」、②「カルガモ型」

今まで出会った、たくさんの女性起業家、そして起業をめざす女性たち。大きく分けると、起業のきっかけや特徴は、「チーター型」「カルガモ型」「くじゃく型」（筆者が命名）の3パターンに分けることができます。

＊「チーター型」＝「起業したい！」の勢いを重視

「チーター型」とは、猪突猛進に走るチーターのように「勢い」を武器に突っ走るタイプ。たとえば、大手企業に勤務していたけれど、元気にがんばる先輩起業家を見て、「起業したい！」と志す女子。

20代で新しいことを思いついて事業を起こす、正社員やアルバイトで7～8年働いた後に、同じ分野で新しいタイプのビジネスをはじめる、といったスタイルです。私は、まさにこのタイプで出発しました。

ちなみに、10代で起業する女子も増えています。学校に通いながら、家庭にあるパソコンやスマホを使って、気軽に大人の世界をリサーチして起業しちゃうんですね。たとえば、中学生の時にビジネスアイデアを思いつき、高校生で起業。あるいは中学生が、同世代の生徒を束ねて、いわゆる商品リサーチやマーケティングの会社をつくったり。

学生で起業する場合は、両親が手伝う場合も多いようです。

＊「カルガモ型」＝家庭との両立を重視

次に「カルガモ型」とは、「両立しながら働きたい」という熱意が強い起業家（カルガモが、家族で一緒に歩く姿から命名）。介護、子育てといった家族のケアをしながら、同時に働きたいという気持ちで起業を選びます。自分で仕事時間を柔軟にコントロールできるのは、起業の大きなメリット。たとえば、「通院のつき添いのために、月曜日の午前中は仕事ができない。その代わりに、日曜の夕方はバリバリ仕事をしよう」とか、「幼稚園の授業参観のため、平日2時間だけ仕事から抜け出したい」という要望を叶えられるのです。

自宅でできる仕事を探した結果、「自宅でネットショップを運営すれば、家事や子育てと両立できる！」と、起業した社長さんもいらっしゃいます。

no.02

起業の3パターン③「くじゃく型」

＊「くじゃく型」＝「好き！」「得意！」趣味や経験を活かす

最後の「くじゃく型」は、羽を大きく広げて華やかに闊歩する姿を想像しました。「好きなことを中心に人生を切り開く」タイプの起業家です。たとえば、日本の素晴らしい伝統工芸に魅せられ、定期的に全国を旅しながら産地を訪れ、伝統工芸品を紹介するコーディネーターの女性。また、子育ての手がようやく離れて24時間を自分のことに使えるようになり、40代後半で料理教室を開業した女性。

「好きなことや得意なことをお仕事に」という典型で、それまでの人生で培ってきた「趣味」や「経験」を活かして、自分らしい仕事をつくります。仕事と人生をリンクさせ、「生きがい」として華やかに自分らしく活動しながら、お金を稼ぐタイプの方々です。

では次の項から、それぞれの事例を具体的に見ていきましょう。起業のきっかけや、はじめる時期は皆さん違いますが、それぞれ素晴らしい人生、働き方が広がっていますよ！

Part 2 女性の強みを活かしたお仕事のはじめ方 女子の起業の鉄則

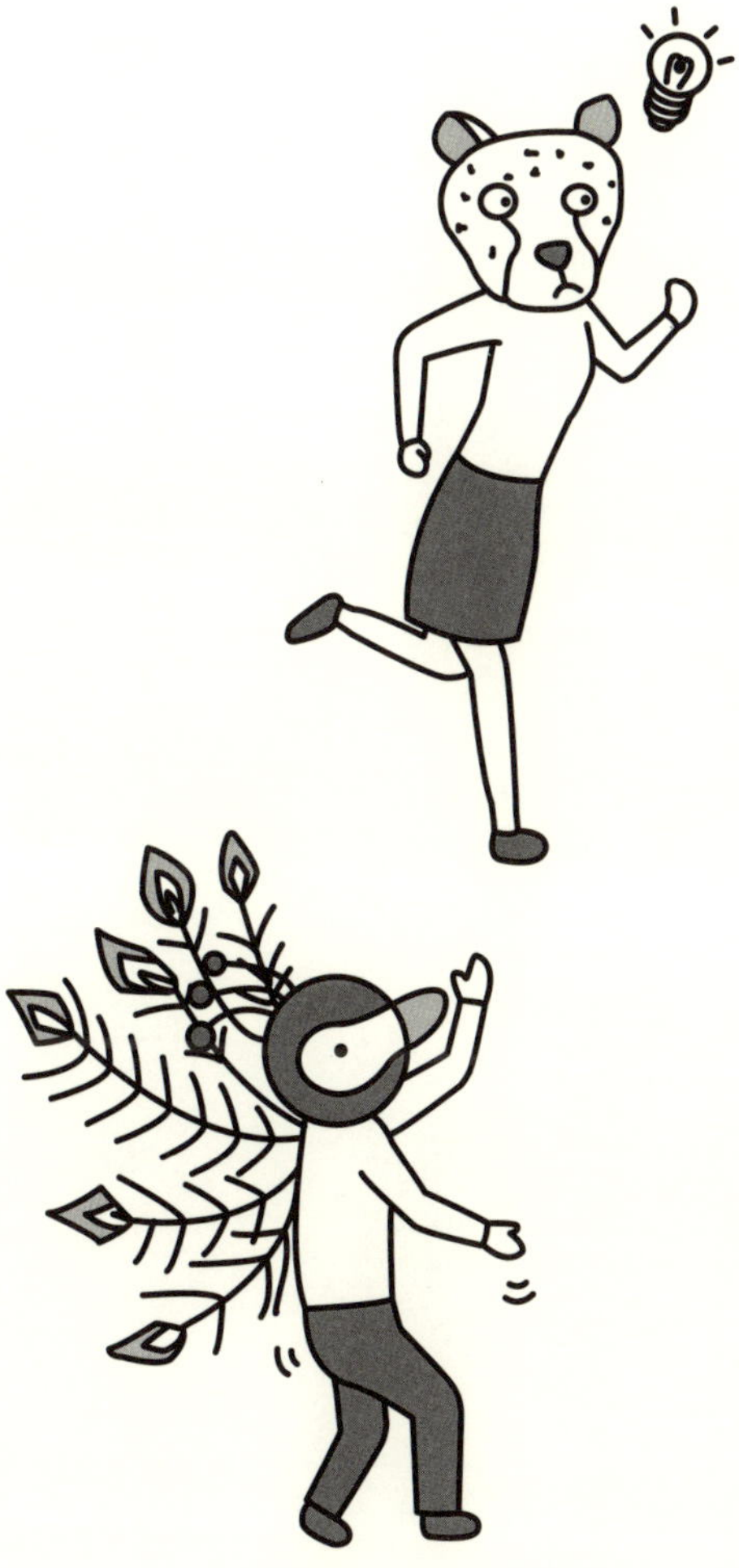

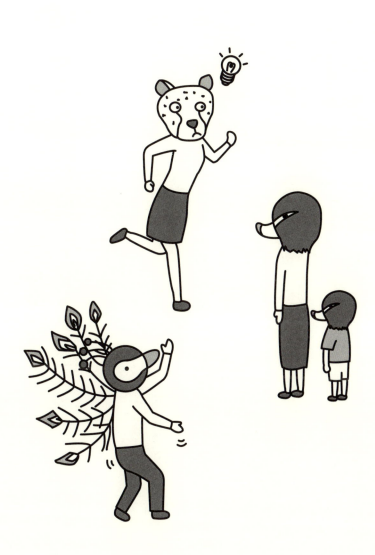

no.03

パターン① スタートは勢いよく！20代で起業した「チーター女子」

28歳のフラワーデザイナー、美奈さん。長い黒髪と細身のジーンズがよく似合います。美奈さんは、洋服屋のアルバイトをしていた時に、「お花」に興味を持ってお花屋チェーン店のアルバイトに転向。熱心に働く様子を見た会社側から、20代半ばで「正社員にならないか」という打診を受けて、正社員に。

3年間勤め、最後の1年間は会社勤めを続けながら、週末にフラワーアーティストとして活動をはじめました。いわゆる、二足のわらじです。週末ごとに知人から頼まれるギフト用の作品づくりやセミナーを開催するようになり、28歳で会社を辞めて独立しました。数年後には、小さいお店を構えたいと思っています。

＊独立後は選り好みせずに仕事を請け負う

フラワーデザイナーとして独立後、会社員時代と変わったのは、「もう趣味ではないのだから、お金がもらえるように」と意識するようになったこと。

「お花に関するお仕事なら、楽しい」と、会社員時代にはやりたくなかったタイプのお仕事もすべて請け負っています。どれだけ地道なアシスタントのような仕事も引き受け、朝はここ、昼は電車を乗り継いでここ、というふうにあちこちに顔を出したり……。

起業2年目に突入し、困っているのは案件によってもらえるお金が違うこと。そして、仕事によっては1日中立ちっぱなしで体力的にキツく、年齢を重ねるにしたがって、体力勝負の仕事には限界がある気がしています。「たくさんのお仕事をやってみて、どの分野を続けていくか」を検討しようと、今はできるだけ外に出て、さまざまな同業者と会いながら、「どの分野のプロになろうか」と考えている最中。彼女の目は、とてもキラキラと輝いています。

no.04

パターン②「両立しながら働きたい」から起業!

「家族と過ごす時間を増やしたい」という思いが、起業の目的やきっかけとなった女性起業家は数多くいらっしゃいます。起業すれば、自分が自分の上司になって、仕事時間を自由にコントロールしやすいから。

家族と多くの時間を過ごせるビジネス形態としては、「自宅でパソコンを使う仕事」や「小さなお店」、「自宅を事務所にした専門家業」が選ばれやすいですね。たとえば、ネットショップや自分で構築したウェブサービスを運営すれば、自宅のパソコンでできる仕事が増えます。ひとりで管理できる小さなお店やカフェなら、子どもがお店の隅で遊べます。

*40代前半まで、会社勤めでバリバリ実務経験を積んだアキヨさん

もともと一般企業でキャリアを積んでいたアキヨさんは、将来も、子育てをしながらバリバリ仕事をしていきたいと考えていました。しかし42歳で男の子を出産した後、「子ど

もと一緒にいる時間を長く取りたい」と思うのと同時に、「以前のような残業はこなせない」「体力的に、毎日往復2時間以上の通勤時間はキツい」と思うように。

そこで、育児と両立できる働き方を模索しはじめました。「ネットショップなら、子育てをしながら自宅でできるのではないか」。そして、ネットで販売する商材探しをはじめました。目をつけたのは、子ども服。女の子向けにはカラフルで個性的な洋服がいっぱいあるのに、男の子の洋服は決まりきった色ばかり。そこで、欧米からの輸入品をネットショップに並べると、友人が「かわいい！」と絶賛。今では自宅のパソコンで注文を受け、発送作業に追われています。家で仕事をすると、仕事と家庭が入り交じってごちゃごちゃになる場面も多く、アキヨさんがパソコンに向かう横で子どもが遊んでいます。「保育園に通わせながら仕事をしたほうが、集中できるのでは？」と悩んでいる最中ですが、最初に求めた「子どもと長い時間を過ごす」ことは実現できました。何より通勤時間がなくなり、ラクになったそうです。

パターン②の女性起業家が皆さん、口を揃えておっしゃるのは、「自分が起業するなんて、想像もしていなかった」。そう、女性の場合、突然訪れる「人生の変化があり、それをきっかけに起業する方が多いのです。

no.05

パターン③ 次は、「好きなこと」をライフワークに！

40代後半から50代を過ぎると、子どもが巣立ち、自分の時間が戻ってきます。そんな時間を使って、「好きなこと」で起業する女性が増えています。料理、ガーデニング、編み物、パッチワーク、着物、占いで人生相談、お見合い支援、山登り、書道、海外旅行……。中には、「そういえば、昔は○○が好きだった」と再燃する方もいらっしゃいます。

＊子どもがひとり暮らしをはじめた40代後半、自宅で料理教室をスタート

20代半ばに結婚・出産し、20～30代は子育てに明け暮れた千代さん。40代半ばで子どもがひとり暮らしをはじめ、気づけば、自分だけで過ごす時間が増えていました。そこで、家庭料理で腕を磨いた「料理」の世界に飛び込むことに。もともと友人を招いて料理をふるまうことが好きだったので自宅のキッチンをきれいに片づけ、料理教室を開くことに。つくった料理をいただくのは、家族も使うダイニングテーブル。友だちを集めて開催する

と大好評で、口コミで生徒が増えていきました。栄養たっぷり、しかも時短で調理できるオリジナルレシピは評判を呼び、レシピ本を出版するまでに。その生き方に憧れる年下の生徒が、千代さんのアシスタントになることを志願。現在は、空き家だった実家を少し改装し、そこに住みながら料理教室を続けています。

＊地域に住む高齢者のため、通い型介護を行なうNPO法人を設立

40代で親の介護を経験した景子さん。介護をしている時期、身近に頼れる人が少なくて、「近所に、数時間でも頼れる施設があれば」と思っていました。介護中、介護について学ぶために、介護ヘルパーの資格を取得。50代半ばになった頃、知人を通して安く借りられる場所を確保し、通い型介護ができるセンターを設立。手伝ってくれる人を集めるために信用力を高めようと、NPO法人を設立し、代表理事となりました。この事業は儲けを求めるものではありませんが、家賃と手伝ってくれる人の交通費、必要な物を買うお金は必要です。介護をする人の気持ちがわかる景子さん、介護される人だけでなく、介護する人からの信頼も厚く、センターを訪れるお客様が増え、赤字にならずに運営できています。

好きなこと、社会のために役立つ身近な事業で、関わる人を幸せにしている女性は多いですね。起業を通じて、人生経験を社会に還元している方々です。

no.06

オンナは「直感」で勝負！

女性は、〝ひらめき〟で「これだ！」とビビッとくる時があります。「この分野を突き詰めて、この世界で生きていこう！」と決意し、勤めている会社を辞める女性も多いものです。たとえば、オーラソーマという色の組み合わせで人の心理を探る分野に魅せられ、都内のスクールに通いはじめた40代の女性がいます。きっかけは、自分自身がカラーカウンセリングを受けたこと。受けたカウンセリングで過去や現在の悩みを言い当てられたことで感銘を受け、「資格を取って、色彩を使った心理カウンセラーとして独立しよう」と思ったそうです。今では、スクールで学んだ心理学を友人に伝えることが楽しくて仕方ありません。「今度、私のオーラソーマを見てね」と友人たちは口を揃えて言います。

ほんの一例ですが、ネイルアート、占い、ペットセラピー、ファイナンシャルプランニングなどに、「これだ！」と閃く女性は多いものです。それは、「ロウソクの中に生花を入れたら、かわいいのでは？」「悩んでいる人を癒したい！」という熱烈な「好き」という

「直感」で決めていいこと、ダメなこと

直感 OK

起業のネタや進める方法

「好き！」「こうしたほうが便利？」

画期的で生活感のあるアイデアが活かされた商品は、女性の直感をもとに生まれていることが多い

直感 NG

お金を生み出す仕組みと原価・利益の計算

マネーがからむ部分は、しっかり理屈で考え、電卓をはじく必要があります

気持ち。ラブです、ラブ！　ラブ！

女性は、頭で理屈っぽく考えるよりも、「かわいい！」「楽しい！」「きれい！」「大好き！」という直感を大切にしたほうがうまくいきます。起業のネタや進める方法については、**ココロが「これだ！」と思えるものが適しているのです**（あくまでも、女性の場合ですが）。

ニッポンの既成概念にシバられる必要はありません。「常識こそ、疑え！」はベンチャービジネス界の定説ですが、「本当は、こうしたほうが便利じゃない？」と素直に感じられるのはオンナの特徴。女性は「感情の生き物」なんて言われますが、まさに柔軟な発想の持ち主でもあります。ビジネスの現場でも、この女性の柔軟さは活かされていますよ。

no.07

「掃除」「洗濯」「料理」どれが好き？ でわかる、あなたの起業タイプ

突然ですが、あなたは家事の中で「掃除」「洗濯」「料理」のどれが好きですか？　何が一番好きかによって、あなたがどんな作業が得意で、どんな起業分野で才能を発揮するかがわかります。起業後、家族や友人に手伝ってもらったり、アルバイトを雇う場合は、自分と違うタイプの人を選ぶと、補完関係になって事業がうまくいくのでおススメです。

＊「掃除」が好きなあなた

掃除を選んだあなたは、ものごとを整理整頓する能力に長けています。キチンと効率よく、そしてコツコツとこなすことが得意ですね。そんなあなたには、システムのプログラミング（ＳＥ）、編集者等、結果が出るまでわりと時間がかかる分野で、「整理しながら、物事を順序よく運ぶ編集力」が活かせる事業がいいでしょう。たとえば、ウェブショップを運営する場合は、何かの分野に特化すると実力が発揮しやすくなります。

＊「洗濯」が好きなあなた

洗濯が好きなあなたは、決まった作業を繰り返すことが得意なはずです。たとえ単調な仕事でも楽しんで、根気よくやることができるでしょう。強みは、小さな成果を喜べること。たとえば、会計士や税理士、ファイナンシャルプランナーのような数字を扱う仕事、入力や事務管理の代行、家事や犬の散歩等の代行業等、「繰り返し作業を、代わりにやってあげる」という観点で事業を選ぶと、重宝されます。また、根気が必要な子どもの教育、介護分野でも力を発揮します。

＊「料理」が好きなあなた

料理が好きな人は、クリエイティブな人。新しい情報を得ることが好きで、何でも自分なりに新しいアイデアに変換してしまうでしょう。創造力が必要な、文筆家、マーケティングコンサルタント、ウェブデザイナー、フラワーアーティスト等がぴったり。いつもアイデアと創作が必要とされる分野で活躍します。もちろん、創作料理の店や料理研究家にも向いています。基本的に、好きなことはアイデアを考えることなので、そのアイデアを細かく実行していく場面では、他のタイプの人と組んで、任せながらお仕事をするといいでしょう。

no.08

「女性を助ける起業」は、オンナにピッタリ！

起業する分野を考える時、「どうすれば自分と同じような女性を助けられるか」という視点を持つのもおススメ。世の中にはたくさんのお店やサービスが溢れていますが、「どこを探しても、本当に欲しいものがない」という経験をしたことはありませんか？　時代はどんどん変わり、これまでの商品・サービスでは対応できないんですね。資本力のある大企業が運営する店やチェーン店ばかりで、「どこに行っても同じ」状況になっています。そこに、ビジネスチャンスあり！　これから、女性の社会進出がさらに進んでいくので、「女性ならでは」の素直な意見を反映させれば、新しいビジネスができ上がります。

私の感覚では、女性の考え方はどんどん進化し、「かわいくありたい」、でも「自立してハンサムでもありたい」という二面性を持ち、それを全身で表現する人が増加中。その証拠に、小学生女子が選ぶランドセルの色は赤一色でなく、ピンク、水色、青、茶色……とさまざま。10年後には、「女性らしい」という言葉は死語になっているかもしれません。

＊「自分が困ったこと」が仕事のネタになる！

さて、「女性を助ける起業」の重要なポイントは、「自分が困ったこと」を深く掘り下げること。たとえば、「長い間、腰痛に悩まされていたけれど、○○ヨガをやって治った。これを多くの女性に広めたい」など。「多くの人が喜ぶ、広く一般的なこと」を考える必要はありません。それは大企業が担当する分野ですから。実際のところ、「自分が困ったこと」を起業ネタにしている女性起業家はとても多く、大企業にはできない、細かくて臨機応変なサービスで同性のニーズをキャッチし、じわじわと売上を伸ばしています。

たとえば、洋服。「仕事用の洋服を買いに行く時間がない女性のために、ネットショップで売りたい」。美容分野では、「アレルギー体質でも使える化粧品」「骨盤矯正と小顔マッサージを組み合わせたヨガサロン」。介護の経験があるなら、「もっと楽しんで通える、介護施設」。子育て中なら、「子どもが安心して遊べるカフェ」「子どもと一緒に働ける場所」。飲食業なら、「移動販売で、住宅街に行っておいしいパンを売ろう」、忙しく疲れた女性が多い街に「ひとりで入れる、おにぎりと実家で採れる野菜を使った料理の店」。

「あっ、それそれ！　こういうモノ・サービスが欲しかったのよ！」。そういう女性の声が聞こえてきそうです。

no.09

一坪から起業、でいいじゃない？

「起業するなら、お店や事務所が必要」と思うかもしれませんが、今は自宅やカフェを仕事場にする方もたくさんいます。特にネットショップの運営やイラストレーター、ライター等のパソコンを使うお仕事なら、自宅の隅っこ「一畳」に机を置いて開業できます。

＊「カウンター6席のおでん屋さん」「カフェの一角で雑貨を販売」

起業セミナーでよくお話しするのが、「女将ひとりで、カウンター6席だけのおでん屋さん」。もう90歳近い女将さんが、毎日おでんをコトコト煮て常連客にふるまっています。コの字のカウンターだから、女将さんは真ん中に立ったまま、お客さんにお皿を出したり、オーダーも聞ける。この形式なら、しんどい時は座ったまま、接客ができます。

また、カフェの一角に手づくり雑貨を置いてもらって委託販売、という小スペース起業もできますよ。

＊あえて、駅前立地を外すのも吉！

お店や事務所をオープンする場合でも、「大きな駅の近く」「人通りの多い場所」だけを考えなくてもいいんです。その証拠に、駅から5分歩くと昔ながらの商店街と住宅地が広がる地域には、アパート1階で女性がひとりで経営するお店やサロンがたくさんあります。家賃は、たとえば10万円以内で、自宅からも自転車で15分くらい。独身女性だと、お店の上階に住んでいることもあり、まさに「職住接近」。あるお店のオーナーは、自分が経営する雑貨セレクトショップと自宅と子どもが通う小学校を、徒歩10分圏内におさめるという賢さで仕事と家庭を両立しています。

また、究極の「職住接近」として、自宅を改装して1階をマッサージサロンや整体院、美容院、リサイクルショップにしている女性も多くいます。新築住宅を建てる際、1階をサロン仕様にして別の玄関をつくったり。

立地選びに関しては、特に、「この付近にはおいしいケーキ屋がないな」という主婦感覚が役立ちます。また、住んでいる場所の近く、通勤で通っていた駅付近等で、土地勘があれば、「どのようなタイプの人が多い街か」「価格はこれくらいが適当」とわかって、商売もしやすくなります。

no.10

ダブルワークではじめましょう

低リスク、小資金、そして柔軟なスケジュールでマイペースに起業するには、最初は「ダブルワーク」がおススメ。なぜなら、起業したばかりで売上がほとんど立たない時期にも、「食い扶持を稼がなければならない」から。

ダブルワークとは、たとえばこんなこと。

- 手づくり品を売るなら、週の前半はアルバイトをして生活費を稼ぎ、後半だけ「開店」
- どこかにお勤め中なら、仕事を辞めないで、平日の夜と週末だけに活動
- 今まで主婦業がメインだった人は、1日のうち4時間を事業にあててみる

起業したばかりで、お客様も売上も少ない時期には、自分の事業以外で、お金を稼ぐ、これが鉄則です。たとえば、フラワーアレンジメント教室を開きたい人が、週の半分はお花屋さんでアルバイト、または、大きな教室を開くお師匠さんの元でお手伝い、だと収入

起業家が食べていくポイントのひとつは、「いくつか収入源を持つ」こと

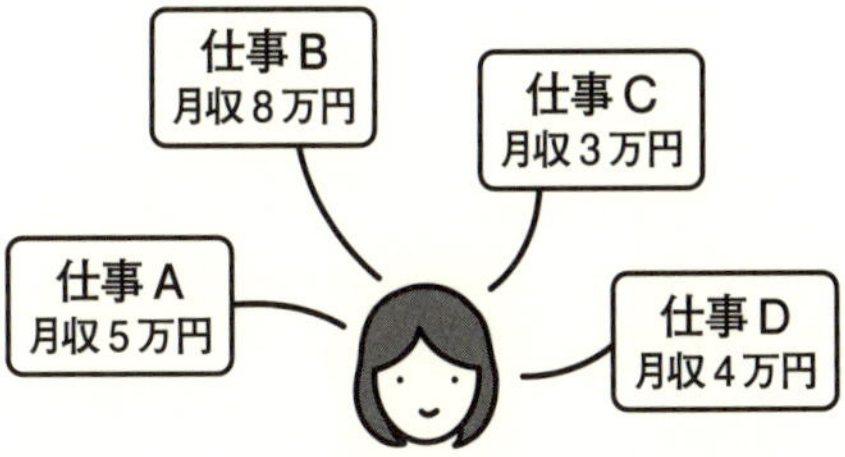

　収入源がいくつかあると、ひとつがうまくいかなくても、別の売上でカバーできます。共働きでダブルインカムの家計のほうが不況に強いのと同じ。ちなみに、大成功した年配の起業家には、７つの収入源があるそうです

ダブルワークを続ける期間は、人それぞれ。テレビで活躍する芸人さんや俳優さんのように、「売れるまで、アルバイトを続ける」という方もいれば、「開業から１年後、本業が忙しくなって他の仕事を辞めた」というパターンも多い。ひとり起業塾には、「お客様が増えて忙しいけれど、週末だけ活動し、あえて安定収入のある会社員を続けている」という方も

だけでなく技術・接客まで学べて一石二鳥。

　人間とは不思議なもので、お金がなくなると、とても寂しい気持ちになって「もう、何でもいいや！」と自暴自棄になることも……。それが、「がんばって起業したけれど、もうやめます」の原因になることもあります。実は、起業後1年以内に廃業する（事業をたたむ）人は、半数にものぼります。でも、たった1年くらいでは、あなたの可能性はわかりません。「あと少しがんばれば、うまくいったのに」というパターンもいっぱいあるのです。

「最低限の生活資金は、毎月手元に入ってくる」状態で、ゆるゆると起業すると、ハッピーでいられます。

Part 3

こんなお仕事
はじめませんか？

ひとり起業のお仕事紹介

no.01

小さなサロンをはじめよう！

街中には、たくさんのリラクゼーションサロンがあります。その多くがチェーン店で、チェーン店ならではの均一なサービス。本当は、疲れた日や癒されたい日には、自分のカラダをじっくりメンテナンスしてほしいし、実は、ゆっくり話を聴いてもらいたい。こんなところに、女性がひとりで運営する「小さなサロン」の出番があります。

サロンには、ネイルサロン、まつげエクステなどさまざまな種類があります。リラクゼーション分野は多種多様で、タイ式、台湾式等のマッサージ、アロマテラピー、アーユルヴェーダ……。整体、はり、あん摩等を施術するサロンも。それに、テーブルと椅子をメインとした心理カウンセリング、これもキャリアやカラー心理学等の種類が。占いの部屋もありますね。私が思うに、どのサロンも一番の目的は、訪れる人の悩みを聴き、心やカラダを美しくメンテナンスして差し上げ、「癒し」を提供すること。

＊自宅の1階で、午後2時まで運営するサロン

あるマッサージサロンは住宅街にあり、小さな木製のかわいらしい看板が置かれています。そのサロンは、40代の女性がひとりで運営。自宅を建てる際、「一階でサロンを開きたい」と、自宅用玄関とは別にサロン用の玄関をつくりました。営業時間は、子どもが小学校に行く間、10時から14時のみ。ひとりのお客様に時間をかけたいので、施術は1日にひとり。自宅サロンなのでチェーン店より価格を抑え、90分6000円。平日だけの営業なので、6000円×月20日が収入となり、毎月の売上はおよそ8～9万円だと言います。

住宅街のマンションの3階で営むネイルサロンもあります。8畳ほどの部屋に白いテーブルがひとつ、椅子が2つ。小物やタイルを買ってきてオーナーがデコレーションした鏡がステキでした。席に座ると、窓の向こうにイチョウの木が見えます。

サロンは、固定客がつけばずっと長く続けられるビジネス。自宅をサロンにする場合は、お客様が入る空間をいつもきれいに保つ緊張感が必要で、オンとオフの切り替えも大切。生きがいは、施術した後にお客様が喜んでくださったり、顔の血色がよくなった様子を見ることだと言います。

case.01

渡會《わたらい》恵さん

事務職➡整体院➡アーユルヴェーダ専門サロン

東京都西東京市、田無駅から徒歩3分のビルにある「アーユルヴェーダ専門店 Padma《パドゥマ》」を経営する渡會恵さん。「排毒《はいどく》師めぐみ」というユニークな名は、起業する際に命名したそうです。ハツラツとした渡會さんですが、20代の頃はイライラしがちで、穏やかに過ごせるようになったのはアーユルヴェーダに出会ってから。アーユルヴェーダは自然治癒力を高め、病気予防や若返りを目的としたインドの伝承医学で、薬草入りのオイルを肌から浸透させて老廃物（毒素）を剥がし取ります。「アーユルヴェーダの考え方では、カラダの調子が悪くなるのは、エネルギーのバランスが崩れているから。そこで私は、施術前に『今の状態』を詳しく伺い、どんなエネルギーが乱れているのかを判断し、バランスを整えるトリートメントを行なっています」。

開業費用

スタッフ▶店主ひとり

	自宅で開業	物件を借りて移転時
物件取得費	-	約35万円
内外装工事費	-	10万円（友人の大工さんに依頼）
備品（テーブル、棚、食器類）	4万円（折り畳みベッド）	50万円（ベッド、よもぎ蒸し用椅子、テーブル、椅子、ランプ、洗濯機等）
仕入れ費	10万円（オイルおよびハーブ）	10万円

【営業】

物件	1K（風呂付）の店舗物件
ベッド数	1台
1日の客数	（平日）1日1名、（土日どちらか）1日2名
客層	30〜40代が中心、50〜60代も
客単価	平均2万円

＊叔母の病をきっかけに「健康」を追求。本場・インドで学ぶ

渡會さんは1977年、東京都中野区生まれ。学校卒業後、営業事務に3年、経理の仕事に約7年従事しました。「当時は自分に合わない生活をしていました。毎日イライラばかりで、人に対しても攻撃的でした」。31歳の時、もともと関心のあったサービス業へ転身。渡會さんが通っていたO脚・骨盤矯正の整体院に就職し、脚痩せのリンパドレナージュ・セラピストに。「社長の近くで働き、出店場所の選び方や予約の入れ方等、経営について多くを学びました」。その後、接骨院でアルバイトをし、「カラダが痛くてつらい人が多い」と実感。その頃、バイタリティに溢れて元気だった叔母がクモ膜下出血で倒れ、「自分だけでなく、家族も健康でなければ幸せになれない」と痛感しました。「カラダを根本から治せる方法を知りたい」と、さまざまな施術を受ける中、出会ったのがアーユルヴェーダ。「たった1回の施術で驚くほどカラダが変わり、これだ！　と直感しました」。そして本場のアーユルヴェーダを学ぶため、2009年6月、南インドケララ州に渡航。「家族や友人に施術してあげることが目的で、まさかサ

1日のスケジュール（平日）

5：30	起床。ブログアップ、メール対応、事務仕事等
7：00	アーユルヴェーダ式朝食（白湯とハチミツ）
8：00	実母が自宅に到着。実母に子ども（取材当時、生後7ヶ月）を預けてサロンへ向かう ＊
8：30	サロンで仕事開始
10：00	お客様にトリートメント（1日1名）
14：00	タオルやシーツの洗濯、片づけ
15：00	サロンを出る
16：00	子どもに授乳しながら、寝る
17：00	夕食づくり
19：00	子どもをお風呂に入れる、寝かしつけ
20：30	ダンナ様と一緒に夕食
24：00	就寝

＊土、日曜のどちらか1日は、ダンナ様に子どもを預けて、長時間仕事。講座の運営、または1日に2回トリートメント施術。

＊「近い間柄だからこそ、仕事にしてもらったほうが頼みやすい」と、実母にベビーシッターおよび家事代を支払っている。

店名「Padma」は、サンスクリット語で「蓮」。「泥沼の中で根を張り、美しい花を咲かせる蓮。ストレスの多い現代は決して生きやすい環境ではないけれど、それぞれの大輪の花を咲かせてほしい」という願いを込めた。

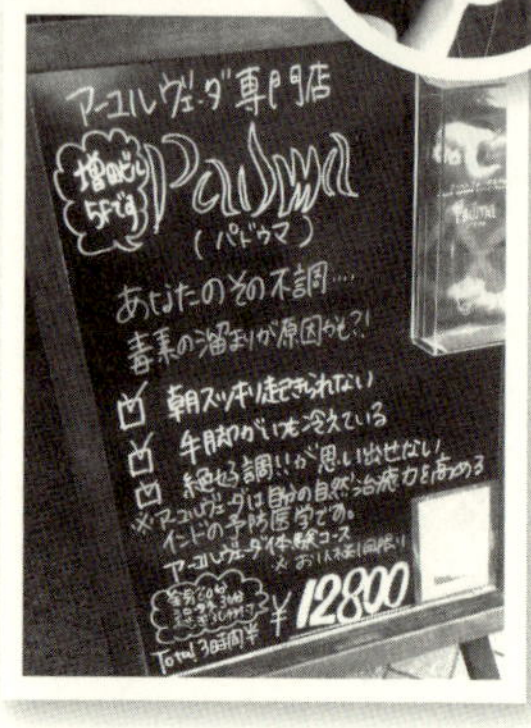

ロンをはじめることになるなんて、思ってもみませんでした」。ところが2週間連続で施術を受けると、驚くほどカラダが軽くなり、自然と心も穏やかに。「今まで自分は健康だと思っていたけれど、実は不調だったのだと気づいて。日本には、ストレスを抱えながら忙しく働く人が多いので、慢性的な不調を抱える人がいっぱいいるのではないかと思ったのです」。

2010年1月に帰国後、自宅で家族や友人に施術してみると、全員のカラダが改善したのを見て、「もっと広めたほうがいい」と確信し、開業を決意。物件探しのために、市内すべての不動産屋を回る。施術後にトリートメントオイルを洗い流すため、店舗物件でも欠かせなかったのが「風呂シャワー付」。たまたま、以前は住居として使われていた店舗物件に巡り合い、同年4月、33歳の時、「アーユルヴェーダ専門店Padma」をオープン。ブログも開設し、その読者が顧客になり、リピーターも増えていきました。はじめての大きな転機は、開業4年目に迎えた、妊娠および出産でした。

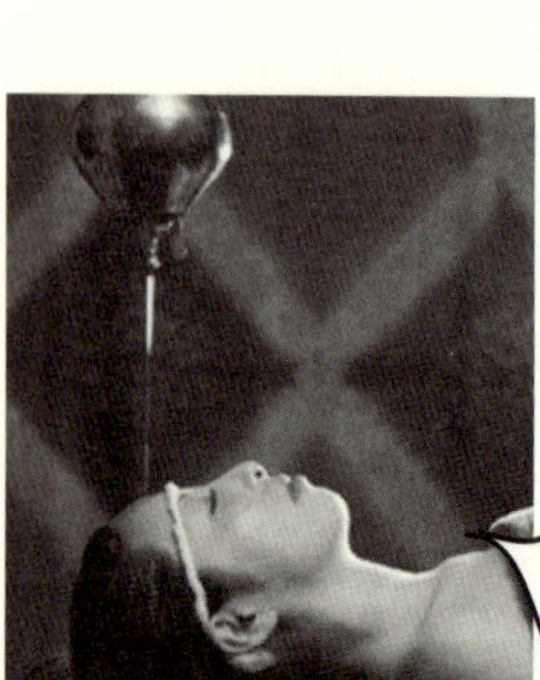

インドから取り寄せたハーブを煮込み、オイルを調合。そしてサロンの掃除も大変！「サロンの清潔さには神経質なので、毎日、床を水拭きします」

＊ピンチはチャンス、「お家で出来る毒出し講座」が好評に

「産前産後で4ヶ月間お休みをいただくことになり、どうしようかと考えていた時、『お家で出来る毒出し講座』の開講を思いつきました」。産後2ヶ月で仕事に復帰し、最初は土、日曜だけ子どもをダンナ様に預けて仕事を開始。そこから、少しずつ仕事量を増やしていきました。「皆に協力してもらって、仕事ができています。自分の予定に合わせて仕事時間を調整できるので、自営業でよかった」。出産前は、トリートメント施術を1日2～3回行なっていましたが、出産後は午前中1回だけにペースダウン。トリートメントできる時間は減ったけれど、なんと、講座の運営により収入は以前と変わりません。今後は、段階に応じて働き方を変えていく予定で、子育てが落ち着く時期にはスタッフを雇ってサロンを大きくすることを計画中。「現在、サロンをはじめて5年目、今後はスクールをはじめ、同じ想いで楽しく働いてくださる方を増やし、もっとたくさんの方に健康で幸せになってもらいたい！　毒素を出して身体の流れがよくなると、人生の流れもよくなります」。どんどんキラキラしていくお客様の姿を見ることが、何より幸せです。

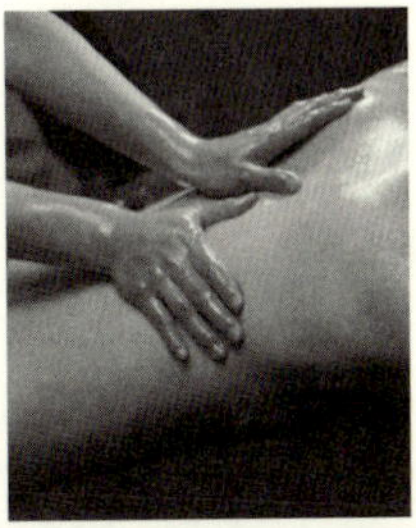

アーユルヴェーダ専門店 Padma
住所：東京都武蔵野市境3-1-1 サードベルハイツ4A
電話：090-9145-1218
Mail：info@padma-ayur.main.jp
HP：http://padma-ayur.main.jp/
営業時間：10:00 ～ 22:00（最終受付19:00）

no.02

小さなお店をはじめよう！

ひとりで運営している、小さなお店。あなたの街にもありませんか？　女性がひとりでやっているお花屋さん、ケーキ屋さん、洋服のリサイクルショップ、美容院、サンドイッチ屋さん。

たとえば、住宅街に続く駅近の大きな道沿いにあるサンドイッチ屋さんは、40代女性が早朝からつくった具だくさんのサンドイッチを、ショーケースに20種類ほど並べています。朝食や昼食として購入するお客様が多いので、午後3時くらいには閉店。

商店街にあるお総菜パンが人気のパン屋さんは、30代女性が奥の厨房でパンを焼きながら、レジも打っています。

もともと主婦だった女性が、子育てをしながらはじめたケーキ屋さんが喜ばれている理由は、無添加だから。遠方からも子育て中の家族が車で買いに来ています。

ひとりでお店を運営するポイント

1「ひとりで動き回れる店舗面積」でやる

たとえば、パンやケーキをつくって売る店の場合、厨房に立っていても、売り場やお客様がはっきり見えること

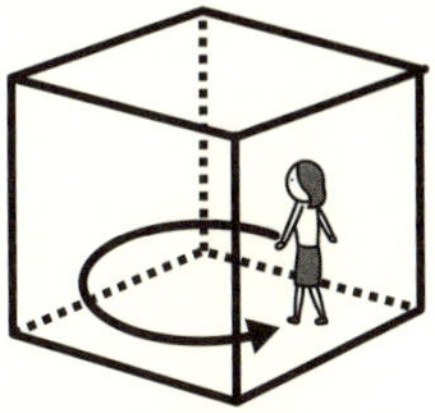

2 自分でつくった商品を売る、または自分でサービスを提供する

仕入れたものを売るのではなく、自分でつくった商品（食べ物、手づくり雑貨など）を売る、あるいはマッサージ師やネイリストのように自分でサービスを提供するほうが、人件費がかからない分、手元に残る利益が多くなります

3 家賃が比較的安い、子育て世代が多い住宅街に出店する

子育て中のママは遠くへの外出がままならないため、近所になじみのお店を見つけ、頻繁に訪れてくれる。今後は高齢者の多い地域で、バイクや車1台で対応できる商売も狙い目。悩みどころは、地域の物価が低ければ、客単価も低くなること。よって、②のように人件費をかけない経営も必要となる

スタッフは自分ひとりなので、休日が取りにくいという現状も。けれど、ひとり店主は、休みたい時期に1週間くらいしっかり休業する場合も多い

case.02

営業職↓飲食店↓手づくりケーキがおいしい珈琲店

杉本美穂さん

東京都豊島区の住宅街にあるCafeSuginocoは、目の前の公園で鳴く蝉の声さえBGMになる穏やかな店。店主の杉本美穂さんがつくるケーキは、あったかい味がしました。ふんわりとしたスフレチーズに添えるのは、実家で無農薬栽培する木苺の手づくりジャム。「この味をわざわざ食べに来るのだろう」と想像していると、開店と同時にドアが開き、4名のお客様が慣れた感じで席につきました。

新卒で営業職に就いた杉本さんは、20代半ばで「手に職をつけたい」と〝菓子職人〟になることを決意。「食べることとつくることが好きなので、身近な食の世界を選びました」。そして「職人になる一番の近道は、現場で働くこと」というアドバイスを聞き、「未経験OK」

開業費用

スタッフ▶店主ひとり

物件取得費	敷金、礼金のみ
内外装工事費	ゼロ
備品	45万円（食器類）、40万円（テーブル、椅子）
運転資金	500万円
仕入れ費	（最初の1ヶ月）6万円

【営業】

店舗面積	35㎡
座席数	10席（テーブル4つ）
1日の客数	土曜日は、約30名
客層	7割が女性、年齢層は10～70代と幅広い
客単価	約1,000円

の飲食店に飛び込みます。厨房で、卵の割り方や調理器具の使い方について叱られる毎日からスタート。そして飲食業の現場で経験を積むこと、10年弱。「おいしいご飯やケーキをつくれるよう、腕を磨きたい」と、デリ&洋菓子店、日本料理店、ケーキ工房等、さまざまな店でアルバイト。いつしか「カフェを持ちたい」という明確な思いが芽生え、「おいしい珈琲も淹れられるようになろう」と、珈琲店へ。約3年間働きながら、ハンドドリップ式の珈琲を学びました。

＊目の前に公園がある、イメージどおりの物件に出会い、即決！

「カフェを開きたい」と考えていた杉本さんの趣味は、珍しい物件を紹介するサイトを眺めること。2011年夏、小さな公園の前にあるカフェ物件を見つけ、すぐに見学に行くと、コンセプトの「公園のような、誰もが自由で居心地のよい空間」にぴったりで、「このチャンスを逃すと、店を持つことが夢のままで終わってしまうかもしれない」。そこは家主がもともと喫茶店を営んでいた空間で、そのまま気に入りました。2011年12月、物件の賃貸契約を結び、勤務先は年末で退職。そして「なるべくお金をかけないではじめよう」と開店準備。内装

1日のスケジュール

5：30	起床。店に行き、ケーキ、ドライカレーの仕込み
9：00	店内外の掃除等
10：00	開店。ひとりで接客、厨房で調理、電話応対等
17：00	閉店。片づけ、翌日の仕込み等
19：00	帰宅。家事、夕食等。ランニング＊
23：30	就寝

＊「体を動かすことが好き」な杉本さんは、健康維持も兼ね、閉店後にランニング。「疲れている時ほど、体を動かしたほうがスッキリします」

杉本美穂さん

店のあちこちに、「がんばった時、自分へのご褒美として少しずつ買い集めた」という、動物の小物たち。「店に置いてみたら、なじんだので」。お客様がこっそり小物を増やしていかれることもあるとか。

にはまったく手を加えず、テーブルのレイアウトを考え、テーブルと椅子を購入。本棚やテーブル、照明、アンティーク風の大きな鏡等は家主からそのまま借り、ケーキ皿は安価に買い取りました。そして、友人の陶芸家に珈琲カップの製作を依頼。仕入先を探し、珈琲の種類やフードメニューを考えました。

＊４種類のケーキ、２種類のドライカレーをひとりで仕込み、じっくり選んだ珈琲も

２０１２年2月22日、CafeSuginocoをオープン。杉本さんがひとりでケーキを焼き、カレーも煮込んで、お客様を迎える日々がはじまりました。珈琲メニューにブレンドはなく、すべて単一豆のストレートにこだわり、３ヶ国の豆と季節ごとに変わる1種を加えた4種類（各４００円）。そして4種類のデザートは、定番の「フォンダ・ショコラ」（４５０円）に加え、季節ごとに3種類の新作メニューを出します。スパイスにこだわったドライカレーは2種類（たとえば「ごぼうのドライカレー」サラダ付、７００円）。

陶芸家の友人に焼いてもらった、粉引（こひき）技法の白化粧陶器は、あたたかい持ち心地

「開店当初はもっとメニューを増やしたいと思いましたが、実際にやってみると、仕込みはもう手一杯、結構大変です」

＊〝こだわり〟を大切にした仕事で、常連さんも増加

仕事には緊張感も伴います。店をはじめて知った、「お金をいただくこと」の重み。「最初は、『珈琲1杯に400円をいただいていいのか』と不安になりました。お金をもらうには、それに見合う価値を提供しないといけないと、何年経っても感じています」

開店から4年目、「探して来ないと、わかりにくい立地」だと言いますが、固定客も増えてきました。「この店でリフレッシュしてもらえたり、つくったものを喜んでもらえると、嬉しい。お客様同士が仲よくなることも多く、カフェは個人の時間を楽しむだけでなく、人と人がつながる空間だと知りました」

そこは、自分のこだわりを信じて、きちんと生きることって素晴らしいと筆者が感じた、路地裏のさりげない空間でした。

「いつかお店をやりたい」と思っていた頃、杉本さんが落書きした絵がロゴマークに。切り株にある「S」は杉本さんの頭文字、“co”は、カンパニーの意味も

定期的に出す新メニューを楽しみにしてくれているお客様も多い。実家で採れる甘夏、イチジクを使ったタルトも登場

CafeSuginoco
住所：東京都豊島区南長崎3-40-14
電話：03-6908-0778
ブログ：http://ameblo.jp/cafe-suginoco/
営業時間：10:00 ～ 17:00（月曜・日曜・祝日定休）

case.03

柳澤縁里《ゆかり》さん

小さなお花屋さん⬇大手フラワーチェーン⬇お花を愛する人が集まる5坪のお店

ふつうのお花屋さんのつもりでドアを開けると、そこはまるで素敵な雑貨屋さんのよう。店の中心には、アンニュイな雰囲気のある生花に混じって、季節の花や木の実がオブジェのように並んで。新宿から電車で10数分の経堂駅、そこから徒歩4分のところにある「オークリーフ」。店主の柳澤縁里さんと話をするほど、キラキラと元気が湧いてくるから不思議です。縁が重なって、世田谷区経堂にお店を構えて12年目。「この街の人たちが大好きで、お店に『帰る』ような気持ちで出勤しています」

フラワーアーティストになったきっかけは、桂三枝さんのテレビ「美女対談」。テレビの奥に見えるフラワーアレンジメントを毎週楽しみ

開業費用

スタッフ▶店主ひとり

物件取得費	約60万円
内外装工事費	150万円（タイルやテント、ウッドデッキすべてを含む）
備品	105万円（フラワーキーパー〈花用冷蔵庫〉70万、棚・テーブル等の什器30万、花器等5万円）
運転資金	100万円
仕入れ費	17万円（リボンや資材類等10万、切り花や鉢花7万）

【営業】

店舗面積	５坪
1日の客数	10名～多い時は30名くらい
客層	小学生～ 80代（女性が9割）
客単価	ギフト用は、4,000～5,000円

にしていたそうです。お花に魅せられて「フラワーコーディネーターの仕事がしたい」と、小さなお花屋さんに就職し、お花の世界に飛び込みました。その後、大手フラワーチェーンの第一園芸に転職して15年間勤務し、店頭売りから、ホテルウェディング、アレンジメントのデザイン、レッスン講師、ウェブ通販、広報までさまざまな業務を経験。「少しでも多くの人に、花のよさを広めたい」と思っていた頃、子どもを出産。「自分ひとりの店を持てば、一つひとつの要望を聞いて、細やかな対応ができる。もう一度、対面販売をじっくりやりたいし、レッスンも開きたい！」という想いが強くなっていきました。迷っていた時、背中を押してくれたのは、当時飲食店を営んでいたダンナ様。「独立しようなんて思っていませんでしたが、すべて〝流れ〟のようでした」

＊「細やかに対応したい」と、店主ひとりの花屋を開店

2003年4月末で会社を辞めて、店舗探し。ベビーカーを押して不動産屋回りをし、探したのは「保育園に迎えに行ける距離で、駅から少し離れた場所」。ひとりで店を

1日のスケジュール

3：00	起床
4：00	花き市場に到着、仕入れ
7：30	お店に到着。お花の水揚げ。時期により、そのままお店にいる日、一度自宅に帰る日等（市場に行かない日は、8:30に自宅を出る）
9：30	鉢植えの花や植物を店の外に並べる
10：00	開店。お花の教室、接客、アレンジメントづくり、電話・メール対応、ブログの更新等
12：00頃	手づくりのお弁当で昼食
18：00	閉店（30分かけて、鉢花を店内に入れる）
18：30	店を出て、自宅へ。夕食づくり、家事等
23：00	就寝

繁忙期とそれ以外の日では、忙しさに大きな差があり、時期によって臨機応変に対応

※市場に行く日のスケジュール（花き市場への仕入れは、週３回）

柳澤縁里さん

どの角度から見ても、ステキな店内。「好きなものを置きたい！」、柳澤さんのセンスが輝く。アンティークの花瓶や小さな花瓶に、折れてしまって売り物にしない花を毎日足して生けると、いつの間にかオブジェのようなかわいさに

運営するので、もし子どもが突然熱を出したら、店を閉めなければならなかったからです。「駅前だと『すぐにお花が欲しい』人が多いので、突然休むとお客様が困ります。駅から少し離れている場所なら、お話をしながらゆっくり接客ができるというイメージがありました」。年輩女性が経営する不動産屋が見つけてくれた、経堂の商店街にある現在の物件。「『駅からの距離感がちょうどいい！』と、ピンときました。不動産屋さんもいい方で、ご縁を感じ、導かれた気がしたのです」。そして物件を契約、内装工事を行ない、棚やテーブルを購入。フラワーキーパー（花用冷蔵庫）は中古品を購入し、機械だけを新調。準備期間はたったの2ヶ月で、同年6月、35歳の時に「オークリーフ」をオープン。

　営業時間は10時から18時まで、休日は日曜日のみに設定。子どもを保育園に預けて、お店に向かう毎日がはじまりました。最初は不安でしたが、開店から半年後、少しずつ商店

街の人たちからの紹介で注文が増えました。「商店街の方々が、すごく温かいのです」

＊自信が持てるようになった3年目。6年目、入居ビルの建て替えでも移転せずに営業

好きなものを店に並べれば、お客様の反応も見えます。「自分が選んだものの中でお客様の好きなものがわかってきて、『これでいいんだ』と自信が持てたのが3年目でした。お店はお客様に育てていただくものなのですね」

周辺に住む人や、全国からホームページやブログを見てくれた人がリピーターとなり、口コミも増えて、店をやっていく不安がなくなっていきました。

開業から6年目には、予期せぬ出来事が！　2009年3月、入居していたビルが急に建て替えをすることになったのです。工事期間は半年。移転することもできたけれど、柳澤さんは同地にとどまりました。「お客様は、私のことをまるで家族のように思ってくださる方が多いので、ここから離れることは考えられませんでした」。リニューアル後、店舗は新しくなったけれど、棚やテーブル等は創業当時のままなので、お客様は「以前の店とまっ

店内のいろいろな場所に、動物たちが顔を覗かせて

たく変わらないわね」と。

＊友人に助けてもらいながら、時間のやりくり

花屋の繁忙期は、母の日や10〜12月。ひとりでお店をはじめたけれど、忙しい時期には人手が必要でした。そんな時は、以前勤めていた会社の友人等に助けてもらっています。「地方への発送も増え、母の日前後の1週間は、睡眠3時間で乗り切ります。アレンジメントづくりだけでなく、市場に行くことにはじまり、伝票書きまで、時間が足りなくなるのです」

家庭との両立も課題でした。開業時に2歳だった息子さんも、今は中学2年生に。幼少期は風邪を引いても、熱が下がって元気なら店に連れて行き、お絵かきをさせて一緒に過ごしました。授業参観の日は、2時間くらい教室に見に行き、開店時間を11時頃に遅らせて乗り切ったそうです。「普段からキチンと仕事をしている上で、開店時間が遅くなる場合は、お客様も認めてくださると思います」

好きな仕事なので、ストレスはとっても少なく、「睡眠時間が少なくても、それを大変だと思ったことはありません」

色とりどりの花が並ぶ、店の中央にあるテーブルは、お教室ではメインテーブルとして使う

＊「お花の教室」には、遠方から定期的に通う生徒さんも

平日の午前中に開催する「お花の教室」は、1レッスン2000円（+花材費3000円前後）。生徒さんの中には、新幹線や電車で往復3時間かけて定期的に通う人も。フラワーアーティストはたくさんいるけれど、「自分と『好き』のセンスが同じ先生」にはなかなか巡り会えないもの。ネットや雑誌を通じて、柳澤さんのセンスを知った方が遠くから集うのかもしれません。「近所の方よりも、わざわざ車や自転車で通われる生徒さんが多いんですよ」。

レッスンを1～2名の少人数で行なう理由は、「聞きたくても聞けない、をなくして、細部までその方がやりたいことを最善の方法で教えたいから。アレンジメントには、その方にしかつくれないものがあるので、よいところを引き出したいと思っています」

「オークリーフ」で好きなお花に囲まれ、共感できるお客様と一緒に過ごしてきた10数年。これからの10年間は、どのような時間になるのでしょうか？　「子どもが中学生になったので、そろそろ需要が多い日曜日も営業日にしようと考えています。これから10年間、もっと思いっきり仕事がしたい！　と思っています」

オークリーフ
住所：東京都世田谷区経堂3-38-7
電話：03-3428-4781
HP：http://oak-leaf.biz/
営業時間：10:00 ～ 18:00（日曜日定休）

case.04

岩城由美さん

CM音楽プロデューサー⬇
中古レコード店・ユニークなたい焼き店

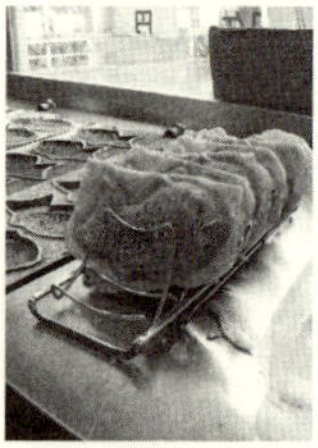

ここのたい焼きは、ユニークです。「必ず、頭から食べてね」と、店長の岩城由美さん（73歳）が言うとおり、しっぽに秘密あり。固く口止めされているので詳しくは書けませんが、「こういう味のたい焼きは、食べたことがない！」。

東京・五反田駅から徒歩5分、中古CD／LD、輸入雑貨の店「ダ・カーポ」。店先には、エルビス・プレスリーのレコードジャケットの下に、「たい焼き」の大きな看板が。3種類のたい焼き「あん」（150円）、「鯛玉」（200円）、春夏秋冬の「鯛うどん」（250円）は、どれも遊び心とお客様への愛情が詰まっています。たい焼き屋として有名な同店は、1999年に岩城紘さん、由美さんご夫婦が退職してはじめた、懐かしいレコードに出会えるお店です。

開業費用

スタッフ▶店主、週3回親戚の女性に手伝ってもらう

	中古レコード店開業時	たい焼き屋開業
内外装工事費、備品（棚など）	500万円（材料費のみ）	300万円（たい焼きを焼く設備および内装工事）
仕入れ費	ゼロ（買い集めていたレコード、CDを並べた）	数万円（特注の粉100kgの仕入れ）＋「餡」等の具材は毎日仕入れる

【営業】

店舗面積	44㎡（事務所を含む）
座席数	レコード店に5席
客層	近所に住む人、働く人、女子大生、子どもたち
客単価	500円前後

＊女性初のＣＭプロデューサーとして道を切り開いた人

「チョッコレート、チョッコレート、チョコレートはめ・い・じ♪」というＣＭや「履かせるオムツ、ム～ニ～マン♪」というＣＭをご存じでしょうか？　このＣＭをプロデュースしたのが、椙山由美さん（椙山は岩城さんの旧姓、音楽業界では通称「由美さん」。大先輩ながら、ここから由美さんと呼ばせていただきます）。由美さんは、女性初のＣＭ音楽プロデューサー。子どもの頃から音楽に囲まれて育ち、１９６４年に音楽制作プロダクションに入社し、作曲家いずみたく氏のマネージャーとなった後、ＣＭ音楽のプロデュースを担当。後にヒットメーカーとなる数々のミュージシャンや作詞家、作曲家を、無名時代に起用。スタジオヴォーカリストとして出会った織田哲郎氏にたくさんのＣＭ曲を書いてもらったのは記憶に新しく、尾崎紀世彦氏の名曲「また逢う日まで」、ラッツ＆スターの「ランナウェイ」も、最初は由美さんがＣＭ曲としてプロデュースしたそうです。

＊時間の融通がきく「フリーの音楽プロデューサー」に

紘さんと由美さんは１９７０年に出会い、翌年に結婚。「仕事で何時から何時までと縛られるのでなく、とにかく自由でいたかった

由美さんが集めたレコードとＣＤがずらり。アメリカから輸入した雑貨・アクセサリーも置かれています。店内でレコードを試聴できます

1972年にオンエアされたアニメ『海のトリトン』のオープニングテーマ、ＢＧＭ80曲以上はすべて、椙山由美ディレクターが制作。写真は、40年以上ぶりに発売されたＣＤ

ので、フリーになりました」。1972年に長男を出産後も、由美さんはCMプロデューサーとして仕事を続けました。とは言っても、音楽業界のミーティングは、「夕方5時から」ということも多かったし、その頃は保育園も少なかった時代。それでも「仕事をしながら子どもを育てるにはどうしたらいいか、あらゆる方法を考える」のが、由美さんの主義でした。

そして、「団地の3LDKに、住み込みのお手伝いさん兼ベビーシッターを雇いました」。新聞広告を1～2行出すと、20代前半の女性から応募があり採用。「私の稼いだお金は、全部、それで飛んでいきましたよ。でもたとえお金がかかっても、子どもに手がかかるのは、小さい時だけ。子育てというと、パパやおばあちゃんといった〝身内〟を当てにしちゃう場合が多いけれど、『それを当てにしないで、仕事を続けるにはどうするか』を考えたほうがいい。保育園に預けたとしても、（保育料は）子どもが大きくなれば、かからなくなるお金だから。お金より、仕事を続けることのほうが大事よ」

＊1999年、中古レコードショップを開店

そして40数年、音楽プロデューサーとして働き続けた由美さん。自宅には、仕事の資料

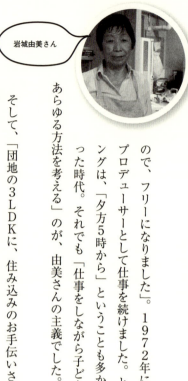

として買ったレコードとCDがいっぱいありました。「このレコード、どうしようか？」と夫婦で話すうち、「じゃあ、中古レコード屋をはじめようか」ということになって。そして現在の物件を見つけた時、「ボロボロの廃墟のような状態で、オーナーから『貸せない』と言われたのですが、無理矢理頼んで借りました。トイレも壊れていたくらいで、自分たちですべてつくり直すのが大変でしたよ。プロに頼むとお金がかかるので、壁もうちのお父さんが全部塗って、外壁のレンガも兄が1個ずつつけてくれて。（入り口の）引き戸も兄がもらってきてくれました」。ホームセンターで買ってきた材木を組み立て、内装にかかった費用は、材料費のみの500万円。当初の仕入れは、自宅に置いてあった中古レコードやCDを並べたので、ゼロ。そして1999年、中古レコード・CDの店「ダ・カーポ」を開店しました。

＊リハビリのため、2006年に「たい焼き屋」を開業

その後、2006年11月から「たい焼き屋」をはじめたのは、病気で入退院を繰り返すようになった紘さんのリハビリのためでした。夫婦で好きだった、たい焼き。「五反田には、たい焼き屋さんがないね」、由美さんが冗談で

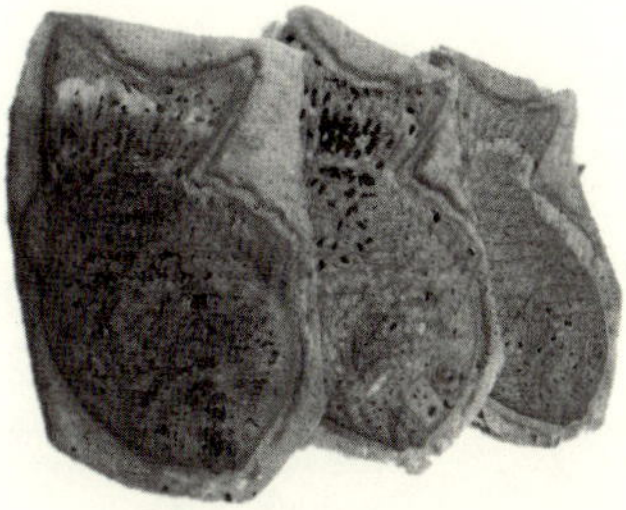

右から順番に「あん」（和菓子屋が使う十勝産小豆100％の高級な生餡がたっぷり）、「鯛玉」（「甘いものが苦手な人」のため、生卵の状態から火を入れ、マヨネーズ、水菜、ベーコンが入った一品）、「鯛うどん」（カレーの店「うどん」のスパイシーなカレーが入った、パンチのきいた大人の味。うどんは入っていません）

「たい焼き屋さんをやる?」と言うと、「やる」と。「驚いたけれど、『じゃあ、やれば』って。すると突然元気になって、毎日車で出掛け、東京中のたい焼きを買ってきて、毎日2人で食べて。今度は、あんこ屋さん巡りがはじまり……。最終的に、たい焼きに入れると絶対コストが合わないような、和菓子用の最高級の餡を気に入りました」。そして、たい焼きの生地には、卵と乳製品不使用の特注品に決定。採算度外視の材料となりましたが、「主人が元気になるならいい、と思っていました」。次に紘さんは図面を引きはじめ、紘さんのお兄さんが内装を手伝ってくれました。入り口1ヶ所を閉めて新たに壁をつくり、たい焼きを焼くスペースと水回りや厨房を整備し、カウンターを設置。改装費やたい焼きを焼く設備に約300万円かかりました。

さて、3種類のたい焼きは、とってもユニーク。実は、紘さんは元イベント・プロデューサー。コンサートやお祭りの企画・運営を何十年と続けた人なので、「普通のたい焼きじゃ、つまらない。しっぽに秘密を入れよう」。〝しっぽ〟に変わり種を入れることは、業界の常識からは考えられず、最初は反対されたそう。「他と一緒じゃつまらないでしょ。結果的に、そういう〝仕掛け〟があったから、取材もいっぱいきて話題になっています」。ユニークなたい焼きは、それを考えた紘さんの人生さえ感じ

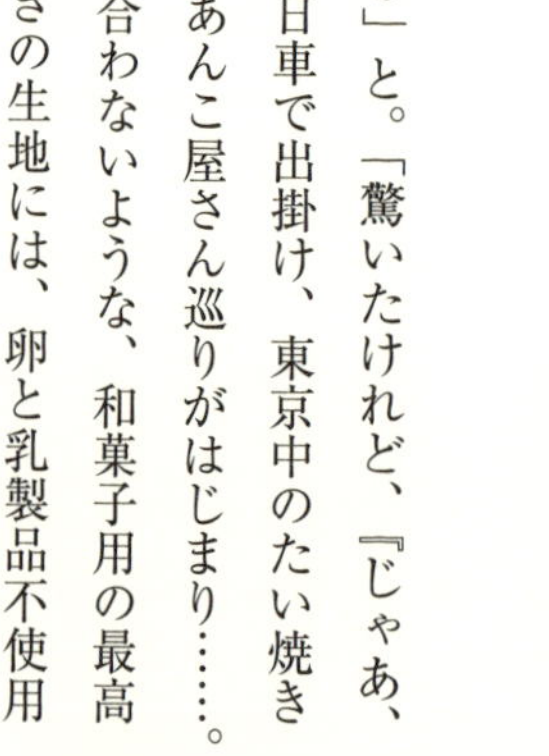

まだまだ現役だけれど、「たい焼き屋を継いでくれる人」を募集中。マスコミ取材が多く、知名度がある同店。「もっと若くて体力のある人がたい焼きをたくさんつくって、店舗とネットで販売すれば、十分やっていけると思います。『たい焼きダ・カーポ』という名前、3種類のたい焼きのコンセプトさえ守ってくれればいいですよ

られる、奇想天外さ。きっと人を喜ばせることが好きな方だったのでしょう。

しかし、そんな紘さんは、動脈瘤が原因で亡くなってしまいました。「目的を失っちゃったたい焼き、私はそれまで焼いたこともなかったし、もう止めようと思いました。でも店を閉めている間にも、貼り紙には『待っています』というお客様の書き込みがいっぱい。『そんなに思われているのなら、やらなくちゃいけない』という気持ちになりました」。その翌月には、店を再開。アルバイトを雇って、たい焼きを焼いてもらっていましたが、2012年9月、「人件費が加わると、やっていけない」と、由美さんがひとりで焼きはじめました。たい焼きの販売をはじめて、もうすぐ9年。多くのファンに支えられ、由美さんは元気な笑顔を絶やしません。

＊「60歳から、まったく違う仕事をはじめる」楽しさ

60歳前後で、現在のお店をはじめた岩城さんご夫婦。「やろうと思えば、何歳からでもできるのよ、仕事は。それまでのキャリアを活かすこともできるけど、まったく関係ない仕事をやってみるのも楽しいじゃない？　今でも、音楽の依頼が来ることもありますよ。そんな時は臨時休業して、音楽プロデューサーに突然、変身します」

ダ・カーポ
住所：東京都品川区東五反田1-3-10明河ビル１階
電話：03-3440-5708
HP：http://cdlp-daca-po.blogspot.jp/
営業時間：火～土曜日12:00～17:00（日・月曜・祝日定休）

no.03

移動販売をはじめよう!

固定したお店を持たない「移動販売」という方法もあります。スーパーマーケットの横にワゴンやトラックが止まって、パンや珍しいアジアンカレー、焼き鳥を売っていると、ついつい列に並んでしまいます。今、クルマで商売をはじめる人が増えていて、たとえば、人通りが多い場所や住宅街の駐車場、お祭りやイベント会場でお弁当、軽食、お菓子、パン、雑貨……、おいしいものや楽しいものを販売中です。

さて、こんな人は、「移動販売」に向いていますよ。

□おかずやスイーツ、軽食を料理することが好き
□クルマの運転が好きで、苦にならない
□さまざまな場所に行くことが好きで、ワクワクする
□初対面の人と話をすることが好き。人が好き
□体力に自信がある

移動販売を営む男性も増えていますが、お客様と独自の関係性を築いていくお仕事なので、女性にも向いています。特に多いのは、お弁当やパン等、どこでも手軽に食べられるもの。「手頃なお店が少ない」オフィス街で働く人に、珍しいカレーやできたてのオムライスを売ったり、お祭り会場に出店したり。移動販売は「面白さ」「ワクワク感」を売る商売なので、「お弁当」に「コーヒー」や「駄菓子」、「面白い雑貨」を組み合わせる等、独自の楽しさを提供する人も増えました。

たとえば、「人と笑顔で話すこと」が好きで、「おいしいパンを焼ける」人は、自家製パンの移動販売も向いているでしょう。また、料理が得意なら、忙しいビジネスパーソン向けに健康的なお弁当を販売するのもいいかもしれません。

開業資金は、中古車で移動販売車をつくる場合、数十万円から数百万円が目安。低資金で開業できるので、「実店舗での開業資金がない」のであれば、「まず移動販売で実績を積んで、資金を貯めてから実店舗をオープン」という計画も立てられます。

食品を調理して販売する場合は、「食品衛生責任者」の資格が必要。また、移動販売車（キッチンカー）をつくる時（正確には、そのクルマで販売する際）には「保健所の営業許可」が必要になる等、事前に確認しなければならない事項がいくつかあります（詳しくは、拙書『はじめよう！　移動販売』）。

case.05

城島めぐみさん

営業職 ↓ 移動販売の野菜スープ屋さん

海と緑が広がる神奈川県の三浦半島、この地を中心に移動販売を行なう城島めぐみさん。ケータリングカー「ｋｕｒｕｍｉ」号を走らせて、今日も出店場所に向かいます。野菜ソムリエとして、湘南・三浦半島で収穫した地野菜のスープ、減農薬玄米リゾットを販売。玄米リゾットが人気の定番メニュー「たっぷり野菜とオーガニックトマトのスープ」に加え、季節に合わせたメニューが数種類。地産地消をテーマに、たっぷり野菜と栄養価およびデトックス効果が高い玄米を選び、食品添加物をできるかぎり使わない、素材へのこだわり。野菜の甘みっていいいな、と純粋に思えるスープやカレーは、優しい味でした。

もともと建築会社でリフォームの営業職をしていて、横須賀支店の

開業費用

スタッフ▶店主ひとり

車両取得費	約100万円
内外装工事費	10万円 （友人の大工さんに依頼、大部分が材料費）
備品（鍋等）	40～50万円
仕入れ費	数万円

【営業】

1回あたりの場所代	たとえば、売上の10～20% （イベント会場によって違う）
客数	30名から、多い時で150名
客層	同年代の親子連れ、女性が多い （最近は、健康志向の男性も増加中）
客単価	500～600円

新設に伴って三浦半島に移り住みました。同社で〝ロハス〟をテーマにした湘南エリア向けフリーペーパーを創刊する際、その制作に携わることに。取材先で知った資格「野菜ソムリエ」を取得したのは、２００７年6月のことでした。環境問題やロハスに関するワークショップや社会人サークルに参加する中で、同じような志の仲間もできて、「情報を発信したい」、「自分でも何かしたい」という思いが強まっていきます。その一方でハードワークの毎日、自分もまわりの人も野菜不足の食生活を送っていることが気がかりでした。「働く女性を応援する仕事がしたい」。同時に、三浦半島には野菜をつくる農家が多いことに気づきます。「農家の野菜を流通させる手伝いがしたい」、そして「野菜ソムリエを活かせる仕事」で思いついたのが、「野菜スープの移動販売」でした。

＊イメージどおりの中古車で移動販売スタート！

自動車屋へ行き、「かわいくて、機能的な車」のイメージを伝えると、「人気の車種なので、なかなか出てこないよ」と言われたものの、翌日、「イメージどおりの車が入った」との電話が。それは、以前ケータリングカーとして使われていた中古車で、移動販売を

1日のスケジュール

2：00	起床。スープの仕込みをスタート
5：00	都内の撮影現場に向け、出発
6：30	撮影現場でスープを提供
9：30	撮影現場を出て、帰路に
12：00	自宅に到着。仮眠後、食材の買い出し（農家を回る等）
17：00	夕食。翌日のケータリング、イベント出店の準備
23：00	就寝（もともと睡眠時間は短いそう）

テレビドラマやCMの撮影現場への朝食ケータリングの日

イベント出店時は、車内で約６時間座り続け、「夏は暑く、冬は寒い」。夏は、そよ風を頼りに暑さをしのぎます

するための内装設備はバッチリ！　知り合いの大工さんに手直しをしてもらい、「ｋｕｒｕｍｉ」号が完成。移動販売をするために必要な保健所の許可もすぐに下りました。

次にはじめたのが、食材探し。たまたま食べた〝人参〟の甘さに驚き、さっそくネットで生産者を調べて電話をかけ、農家を訪問。「これからはじめる移動販売で、人参を使わせてほしい」と仕入れの約束。こんなふうに、足で稼いで食材を選びました。

そして２００８年3月9日、「野菜ソムリエのスープ屋さん『ｋｕｒｕｍｉ』」を初出店！

その後、地元横須賀周辺を回りはじめ、神奈川県や都内のイベント会場、公園や美術館に出店。またケータリングで、神奈川県内および都内に出張。テレビドラマやＣＭの撮影現場に朝食をケータリングする日も多くあります（1食５００円、基本的に40食～）。２０１５年冬に「漢方スタイリスト」資格も取得。「この仕事をはじめて、時間は不規則になりましたが、以前より健康になりました。自然治癒力が高まったからか、風邪もほとんど引きません」

「kurumi」号に貼ってあるメニュー

「たっぷり地野菜のベジタブル玄米カレー」は、オクラ、茄子、ズッキーニ、ピーマン、南瓜、オーガニックトマト、文中の甘い人参等がゴロリと入った、優しい味

＊イベント出店は、売上の予測が難しい

開店当初は、お客様のほとんどが女性でしたが、健康志向の高まりで野菜や玄米を好む男性客も増えました。クルマを見かけて立ち止まる人だけでなく、城島さんのブログやフェイスブックを見た人が駆けつけてくれます。しかし、移動販売の難しい点は、「その日の天気や気温に左右される」こと。スープやカレーをどのくらい仕込んでいくか、イベント出店では毎回、頭を悩ませます。「万人ウケする食べ物なら、人が集まる場所どこでも売れやすいけれど、私のように特殊な分野だと、どれくらい売れるか読みにくいのです」

＊「生産者と消費者をつなぐコミュニティ」をつくりたい

移動販売をはじめて8年目、同じイベントに出店する生産者や同業者、お客様との出会いも増えました。「仲間に恵まれ、移動販売を続けてこられました。この仕事をして一番よかったのは、いろいろな人と出会い、多くのつながりができたこと。めざす方向や考え方が似ている人同士は、実は知り合いだったりすることも多く、面白いです」。今後は、「ネットを活用し、『日本各地の生産者さんと消費者を繋ぐコミュニティ』づくりがしたい」という城島さん。また、新しい展開を迎えそうです。

野菜ソムリエのスープ屋さん「kurumi」
電話：080-4320-7671
Mail：kurumi39soup@gmail.com
HP：http://kuruminosoup.jimdo.com/

case.06

オオトヨウコさん

DJ↓飲食業↓
パンの出張販売

東京・吉祥寺、小さなパン屋さんとお菓子屋さんが集まるイベント「パンイチ！」にはたくさんの行列。このイベントは、「パンのオオトヤ」の店主、オオトヨウコさんが、友人の「中田ベーカリー」さんと一緒に発案しました。真冬に開催した第6回目には、14店舗が出店し、500名のパン好きな人が来場。「パンのオオトヤ」で特に人気なのは、「鶏肉キーマカレーのフォカッチャ」（280円）、「麹の食パン」（350円）、そして季節のフルーツを使ったタルト（420〜450円）。ひとりでパンを焼いているオオトさんは、週1回の出張販売と「パンイチ！」開催をメインに活動をしています。

＊「1000円分のパンを焼いてほしい」と言われたのがきっかけ

開業費用

スタッフ▶店主ひとり

物件取得費、内外装工事費	特になし（パンづくりの際は、知人の飲食店を借りているため）
備品（テーブル、棚、食器類）	特になし（もともと持っていた道具を使用）
仕入れ費	（パンイチ！1回目の準備として）原材料9,000円、パッケージ代1,000円

【営業】

イベント（パンイチ！）の客数	多い時は500名
客層	「パンイチ！」：8割が20〜40代の女性、週1回の出張販売時：男女半々
客単価	1,000円くらい
客単価	500〜600円

20代の頃は、ヒップホップやブラックミュージックのＤＪをしていたオオトさん。音楽活動を続けるうち、「いい音楽を聴きながら、食事ができる店をつくりたい」という夢が芽生え、食を勉強するため、日本酒の揃った居酒屋、味噌料理の多い飲食店等で働きはじめました。結婚後は、長時間労働や夜間勤務が難しいと判断し、退職。

結婚祝いにホームベーカリーをもらったのをきっかけにパンづくりを重ねるうち、「こうすればもっとおいしい」、「自分で酵母を起こすと、どんなパンになるだろう」という探究心が生まれ、「酒粕の天然酵母」にたどり着きました。以前働いた飲食店で詳しく知った日本酒になじみがあり、酒粕を使ってみよう、と。

長女が０歳だった２０１３年春頃、焼いたパンを友人たちに配るうち、「おいしいので、１０００円分のパンを焼いてほしい」という人が現われ、「販売してみよう」と、フリーマーケットで不定期販売を開始。「中田ベーカリー」さ

パン屋を開く日のスケジュール

【前日】

10:00	間借りする飲食店の厨房に到着
12:00	パンの仕込みを開始。仕込みを続ける
17:00	この日の仕込みを終了し、帰路へ
18:00	保育園に子どもをお迎え。夕食、お風呂等
21:00	子どもを寝かしつけつつ、仮眠

【当日】

3:00	起床
4:00	パンを順次、焼いていく（週1回の出張販売では12～13種類、「パンイチ！」では約20種類）
7:00	パンの袋詰め、食品表示ラベル貼り
9:00	会場に向けて出発
10:00	会場に到着。商品を並べる
11:00	お店をオープン
14:30	閉店。店舗の片づけ、精算等
16:00	会場を出て、帰路へ
18:00	保育園に子どもをお迎え。夕食、お風呂等
21:00	子どもを寝かしつけつつ、就寝

お客様と話をすることが楽しいし、「おいしい！」と言ってもらえることが嬉しい

パンの日曜朝市「パンイチ！」のオープンを待つ行列

んと話すうち、「パンを通して、いつもの生活の中にちょっと特別な幸せを届けよう！」と盛り上がりました。

＊パンの朝市「パンイチ！」

パンの日曜朝市なので、「パンイチ！」と命名し、2014年7月、第1回目の開催を決定。デザインの経験があったオオトさんが、チラシを作成。レンタルスペース「ニューロ吉祥寺」を予約し、パンやお菓子をつくる仲間に声をかけ、5組が出店することに。イベントの準備に励む間、当時1歳の長女は実母に預け、知人が経営する飲食店の厨房を借り、約20種類のパンを焼き上げました。そして迎えた第1回目は、オープン前から行列！　プレスリリースがウェブニュースに取り上げられ、集客にひと役買ったのです。その後、2ヶ月ごとのイベント開催時は、出店者やお客様を含め、新しい出会いがいっぱい。そんな醍醐味がある一方、主催者として次回のアイデアを考えたり、出店者との調整等の準備作業は、面白いけれどなかなか大変で、「一番大変なのは、継続すること」だと実感。

＊週1回ランチタイムのみ、店舗を間借りしてパン屋を開く

「パンイチ！」には、約20種類のパンを並べて

２０１４年10月、東京の中野駅から徒歩５分にある一軒家で、「パンのオオトヤ」は出張販売をはじめました（第二子を育児中のため、しばらく休業中）。友人の店舗を定休日に借り、週に１回だけパン屋を開店。毎週木曜は、工房で12～13種類のパン焼き、中野まで持参。営業時間は11時から14時30分くらいまで。「営業時間がとても短いので、『もっと長く営業してほしい』と言われることもありますが、子どもの保育園へのお迎えを考えると、この時間でギリギリです」。他の曜日に、仕入れやブログ更新、「パンイチ！」の企画・運営、雑務をこなしています。

子育てをしながらの働き方は、人それぞれ。正解はありません。「働き方の選択肢はもっと増えていい。専業主婦になるか、バリバリ働くか、パートをするか。それ以外もあっていい、それが起業かもしれません。今は、家族の理解と協力を得ながら、将来に向けていろいろなことを試している段階。子どもが小さいのでまだ精力的には動けないし、大きな稼ぎにはなっていませんが、パートくらいの収入は得たい。今は新商品の試作等、本格的に動く時期に向けて準備中。将来は、『お店を持ちたい』です」

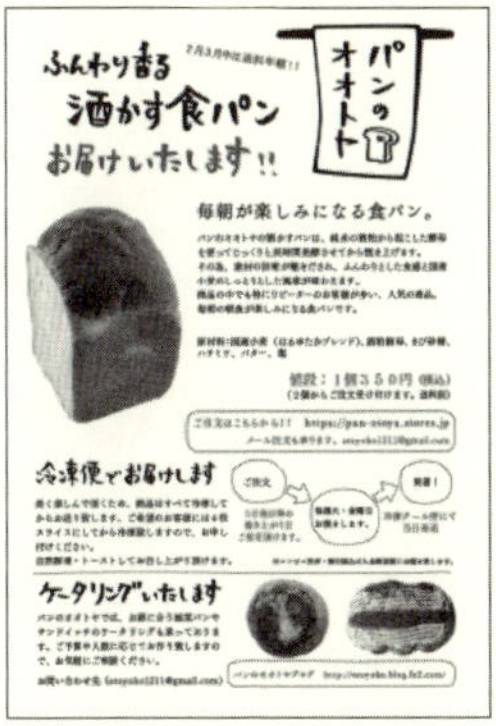

パンのオオトヤ
ブログ：http://otoyoko.blog.fc2.com/
「パンイチ！」HP：http://panichi.funwari.life/

手づくり味噌を販売することも。“発酵好き”が高じて、月１回「みそづくりの会」を自宅で開催

no.04

ハンドメイド作家になろう！

かわいい、キレイ、ふわふわ、オモシロイ、そんな独特の世界を手づくりして売る「ハンドメイド作家」に憧れたことはありませんか？　安価な既製品が世界中に溢れる中、「あの人が、手づくりしたもの」という価値観が、再び脚光を浴びています。既製品にちょっと手づくり品を取り入れる、というライフスタイルが今後さらに注目されていくでしょう。どこかのスクールで習った人、独学した人、技術を得る過程はそれぞれですが、趣味の域を超えて商売としてやっていくには、技術に加え、「個性」の強い打ち出しが必要です。

＊最初にするのは「個性」をつくり出すこと

手づくり作家をめざす方は、まず本屋さんに足を運んでください。たくさん並んでいる手芸作品づくりに関する本を見ながら、「どこに個性を出すのか？」戦略的に考えましょう。オシャレで個性的な「屋号」を考えることも大切です。自分の本名で活動してもいいの

「リアル」と「ネット」の両方で活躍しよう

▶リアルでの販売

- ものづくり作家が集まる「手づくり市」や「フリーマーケット」に出店
- カフェや雑貨屋に作品を置いてもらう「委託販売」

▶ネットでの販売

- **自分のネットショップで販売**

  「BASE」https://thebase.in/　：ネットショップを無料でつくれるサービス

- **手づくり作家のマーケットプレイスに出店**

  「iichi（いいち）」http://www.iichi.com/
  「Creema（クリーマ）」http://www.creema.jp/
  「tetote（テトテ）」https://tetote-market.jp/
  出店は無料で、商品が売れた時に8～20％の成約手数料を差し引かれた分が、作家の取り分となる

ですが、アーティストらしいブランド名や作家名だとファンもつきやすいものです。本名が「山田花子」さんなら、たとえば「＊hana＊」と命名するだけでもカワイイ印象ですし、「hana工房」とすると、ひとりでもちゃんと作家活動をしていることが伝わります。

＊「売れたもの」を手がかりに、バリエーションを展開

販売をはじめたら、「売れ筋」はお客様がつくってくれます。「売れたもの」と「買ってくれた人」を観察して、「売れたもの」に似たジャンルを増やしていきましょう。「次も売れるものをつくれるかどうか」が趣味の域を超えられるかどうか、の分岐点です。

case.07

シマヅカオリさん
グラフィックデザイナー⬇
刺繍作家

蔵造りの町家が残る小江戸・川越、大正ロマンの香りがただよう通りに、かわいらしいお店を見つけました。刺繍作家シマヅカオリさんの「iroito」。まるでおとぎ話から抜け出したような、動物や天使がモチーフの手刺繍が飾られています。もちろん、シマヅさんが一針一針丁寧に縫ったもの。「暮らしの中に、誰かがつくった〝手づくり感〟があると、その人らしさが出る。アナログな刺繍に自分の心を映し出すことで、現実と違ったファンタジックな世界を味わえます」

＊仕事の第一歩はグラフィックデザイナー

子どもの頃から漫画を描き、学級新聞のレイアウトを考えることが大好きだったというシマヅさん。学校卒業後、広告制作会社にグラフ

開業費用

スタッフ▶3名	
内外装工事費	ゼロ
備品（テーブル、棚、食器類）	看板や棚の材料（木材）購入費
仕入れ費	刺繍イラストレーターになった時は、スクールで購入したものを活用

【営業】

お店

店舗面積	14㎡
1日の平均来客数	土日曜・祝日は、40～60名（観光客も多い）
客層	20～80代の女性
客単価	500～600円

お教室

レッスンの受講者数	1回10名
客単価	1回2,500円＋材料費

イックデザイナーとして入社し、パソコンで本や雑誌の装丁やチラシのデザインをする仕事に就きました。2005年に独立し、グラフィックデザインを行なう有限会社スタジオ・フォーチュンクッキーを、イラストレーター オカベッヨシさんと一緒に設立。そのうちイラスト制作を頼まれるようになり、「ハンドメイドのようなイラストを描けますか?」という依頼が舞い込みます。趣味で習っていたフランス刺繍とイラストを組み合わせたイラスト刺繍の作品を見せると、とても喜ばれ、「刺繍イラストレーター」となりました。

2010年、田辺聖子さんの復刊本『孤独な夜のココア』の表紙デザインを担当し、その刺繍が人気に。「図案」や「使う色」を決める作業がデザインそのもの、グラフィックデザイナーとして紙面の構図を考え抜いた経験が刺繍の図案づくりに活かされました。2012年には『フェルトにちくちく刺しゅうブローチ』を出版し、カルチャースクールの講師に抜擢。もともと人が好きなシマヅさんにとって、お教室は楽しい空間でした。ハンドメイド品の販売サイト「creema」「tetote」「minne」に、「.iro.ito」という屋号で出店し、作品を販売。そして個展の開催、百貨店での展示会や各地の雑貨屋で期間出店をする等、作品を販売する機会も増えました。

1日のスケジュール

7：00	起床
10：00	家を出て、お店へ向かう
11：00	お店をオープン。店舗運営の作業、ネット経由の問い合わせへ返信、手づくりネットショップへの商品アップ・ページ管理、オーダーメイドの刺繍を制作、作品のデザイン（図案）を作成、作品づくり（刺繍）等
18：00	閉店。帰宅後、仕事をすることも
24：00	就寝

シマヅカオリさん

＊お店は姉妹で切り盛り

「自分でお教室を開いてみたい」と思っていた矢先、２０１４年末に川越・大正浪漫夢通りに空き物件を見つけて気に入りました。２階でお教室も開ける物件、隣は手芸屋さんなので針や糸もすぐに調達できます。そして２０１５年２月、「ｉｒｏ・ｉｔｏ」をオープン。内装工事はせず、看板や棚を手づくり。バルサ材を買ってきて、トンカチと釘で組み立て、ペンキで色を塗って絵を描きました。「自分で組み立てたものなので、あまり上手ではありません（笑）」。かわいらしい品が並ぶ、明るく楽しい店内には、シマヅさんが手縫いした刺繍の数々に加え、欧米から仕入れた珍しい布や北欧刺繍も置かれています。接客を担当するのは、シマヅさんの妹さん。「最初は、姉妹で一緒に仕事をするのを迷いましたが、お互いの性格を知っていて何でも言い合える仲なので、今では安心して任せています」。女性起業家には、姉妹でお店や事業を切り盛りしている方が多くいます。何でも本音で話すので厳しい時もありますが、お金を任せることへの信頼感があり、心強い存在でもあります。

人気観光地の川越という土地柄、観光客が多く訪れます。「お客様の95

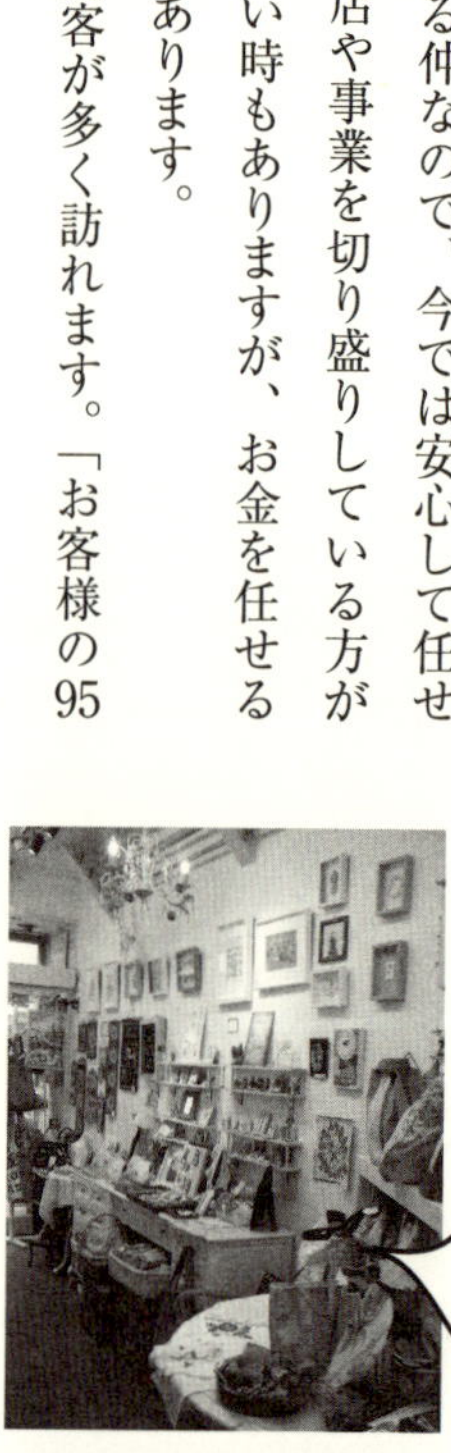

ファンタジックで緻密な作品が並ぶ店内。思わず「かわいい！」と見入るものばかり

％は女性、年齢層は20～80代まで幅広く、『刺繍をやっていた』という方も多いですね」。お店をはじめてよかったことは、ネット販売では見えない「お客様の顔」が見えること。

それは、お教室を開催している時も同じ。「生徒さんに刺繍を教えている時間は、楽しい。刺繍にはその時の心理状況や性格が出ますし、同じ図案でも、好きな色の糸を選ぶことによってそれぞれ個性的な作品になります。身につけて楽しめるブローチ等の刺繍アクセサリーをつくったり、お洋服やセーターに刺繍をしてもいい。はじめての方でも、2時間くらいで作品ができ上がりますよ。刺繍の楽しさを普及させたいので、お教室の開催日を増やしたいと思っています」。お教室について話すシマヅさんの目はキラキラ輝いていました。

グラフィックデザイナー→イラストレーター→刺繍イラストレーター→お教室の講師→お店をオープン、と一貫してデザインという分野で多彩な活動を広げてきたシマヅさん。その秘訣は、日々の仕事への心掛けにありました。「いただいた仕事は、『頼んでよかった』と思ってもらえるよう、一生懸命取り組みたいと思っています」

iroito
住所：埼玉県川越市仲町1-9 山久店舗B
HP：http://iroito-shimazukaori.com/
ブログ：http://blog.livedoor.jp/shimazuk2002/

no.05

「お教室」をはじめよう！

「お教室」は、女性の王道ビジネス！　昔から、家庭のキッチンを使った料理教室、自宅の1階で着付、お琴、書道、お花等を教える教室がありましたね。近所に住む女性を集めて、お師匠さんとして一生を送る人はたくさんいて、現在も「お教室」を開く女性は増え続けています。「フラワーアレンジメント」「パン」「お菓子」「せっけん」「アクセサリー」をつくる手法、「編みぐるみ」「パッチワーク」等の手芸、女性が好きな分野は何でも「お教室」になります。

＊集客は「ウェブ」で、場所は「自宅」や「ワンルームの賃貸マンション」

ネット環境が充実することで、個人が開くお教室の集客はしやすくなりました。昔なら近所へのチラシ配り、地域誌への広告掲載で生徒集めをしましたが、今は「ウェブ」にレッスンの内容、開催日時と場所を載せて集客します。ブログやフェイスブックで教室の様

メイン分野と「もうひとつ」をかけ合わせれば、新しいタイプのお教室に

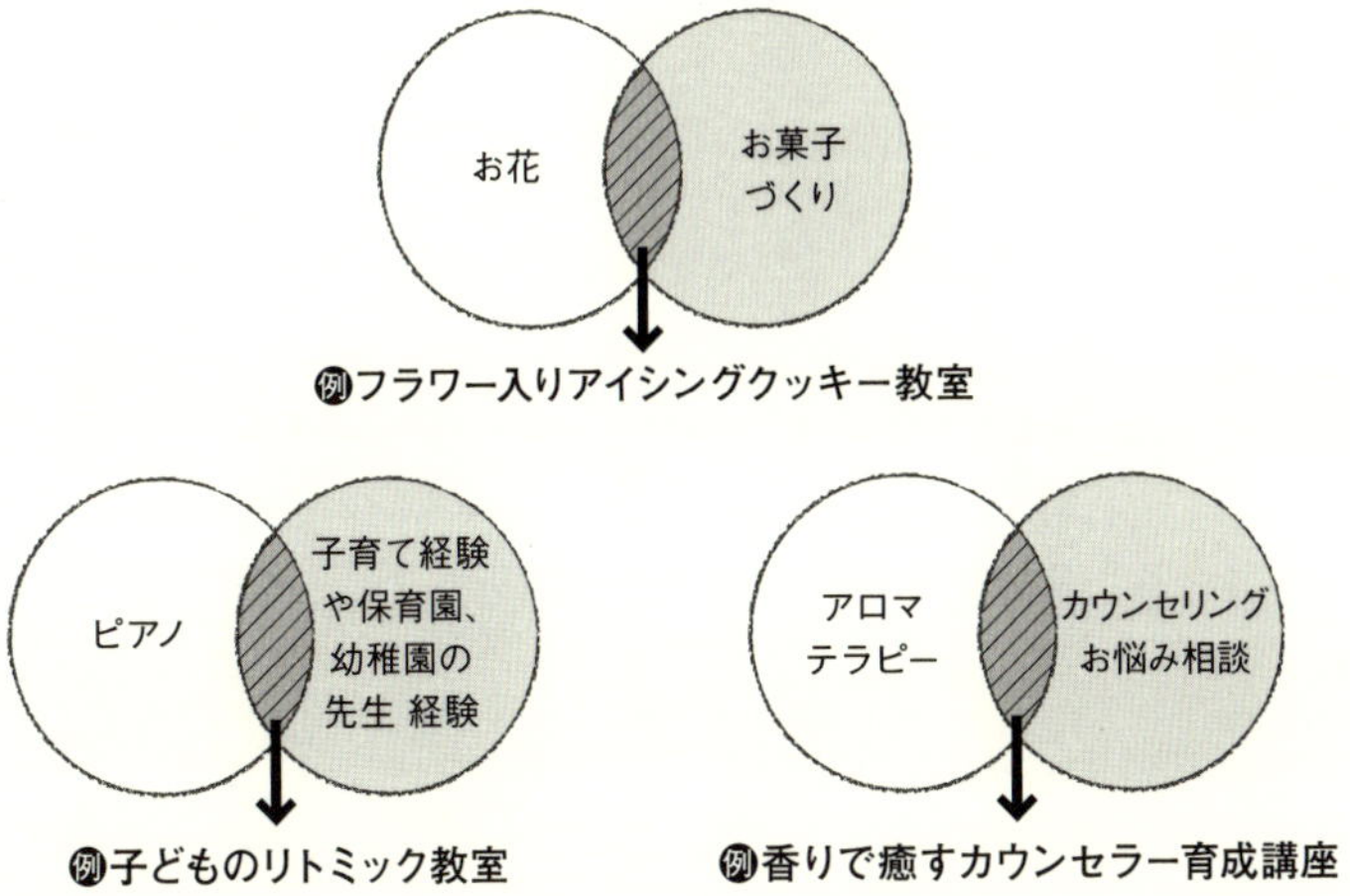

子や先生の個性をアピールしてブランディングに成功したお教室には、全国から生徒が集まります。自宅の一室を開放すれば、場所代がかかりません。一方、本格的にはじめるには、利便性のよい駅近のマンションやアパートを借りるケースも多くあります。

＊本職との「兼業」で、お教室を開講する人も激増！

「お教室」運営を主なビジネスとする人もいますが、本職と「兼業」で、ビジネスのひとつの柱とする起業家も多くいます。たとえば、ピアニストが子どものリトミック教室、盆栽作家が気軽な盆栽スクールを開講するといったように。

case.08

齋藤麻衣子さん

キャビンアテンダント⬇ネイリスト⬇キャンドル教室講師

「見ているだけでキレイな、かわいいものが好き」という齋藤麻衣子さんが主宰するキャンドルスタジオ「L'OASIS＊ロアジス」。2013年10月に自宅で開講し、2014年3月、東京・新宿にレッスンスペースを持ちました。自宅でお教室をはじめた当初は、リビングにお客様を通し、お気に入りの食器にコーヒーや紅茶を入れておもてなし。もともと友だちを呼んでワイワイとお食事会を開くのが好きだった齋藤さんらしいスタイル。開講から半年後、人が集まりやすいターミナル駅・新宿を選んでリニューアルしました。

＊趣味のつもりが、インストラクター資格を取得

齋藤さんは、元ＪＡＬの国際線キャビンアテンダント。中学校の卒

開業費用

スタッフ▶齋藤さん＋(随時)講師ひとり

	自宅で開業	物件を借りて移転時
物件取得費	0	約100万円
内外装工事費	0	0
備品(テーブル、棚、食器類)	0	約10万円(IKEAで購入)
運転資金	0	0
仕入れ費	約10万円(キャンドルの材料や型、ロウと溶かす専用の鍋等)	

【営業】

お教室の座席数	6席(基本的に、最大5名)
スタジオの面積	40㎡
1日の平均生徒数	最大10名
客層	20～40代の女性
客単価	体験レッスン 3,000～4,000円 各コース3～4万円

業文集に「スチュワーデスになりたい」と書いたくらい憧れた職業で、結婚時もダンナ様に「仕事を続けたい」と宣言。子どもが0歳の時に復職し、家庭と仕事を両立。とても楽しく充実した仕事でしたが、日帰りで羽田や成田から各空港まで1～2往復をこなし、そして保育園へお迎え、夕食づくりから寝かしつけでクタクタになる日も。早朝からの仕事も多く、「子どもが小学校に上がる前に、仕事を変わろう」と考えていた矢先、ネイルサロンを運営する会社から声がかかり、航空会社を辞めて転職しました。それは2013年1月、子どもが4歳と1歳で、計画より少し早い門出となりました。

ネイルのお仕事をはじめた頃、雑誌でボタニカル（植物）をあしらったキャンドルを見かけてひと目惚れ。ネット検索で日本キャンドル協会（JCA）のキャンドル教室を見つけて通いはじめ、趣味のつもりがのめり込んでいきました。講座に約5ヶ月間通い、インストラクター資格を取得（取得までにかかった費用は17万円）。

2013年10月、ネイリストの仕事をしばらく続けながらも、JCAの認定校として、自宅でお教室をスタート。開業

1日のスケジュール

6：40	起床
6：50	朝食づくり、家族で食事
8：20	保育園に送った後、電車に乗って新宿のお教室へ
10：00	1回目のレッスン
13：00	2回目のレッスン
15：30	3回目のレッスン
17：00	教室を出る
18：00	保育園へお迎え（19：00～もう1人の先生が夜間レッスンを開催）
21：00	夜間レッスンの報告をスマホで受ける
22：00	子どもたちが就寝後、メールチェック、ブログに教室の様子をアップ等
24：00	就寝

「L'OASIS＊ロアジス」は、フランス語で「憩いの場」という意味。「キャンドルを通して、日々の疲れやストレスを忘れていただけるひとときを、空間を提供したいと思って名づけました

ドライフラワーを飾った、灯さずに香りを楽しむキャンドル「ボタニカル＊ワックスサシェ」

にかかった費用は、自宅をそのまま使ったので、キャンドルの材料や型、ロウと溶かす専用の鍋等の仕入れで約10万円のみ。ブログを読んでくれた人が体験レッスンに参加し、その後、口コミで生徒さんが増えていきました。また友人を通じて、ファッション雑誌から取材があり、掲載されたことも。

オープンから半年後、新宿駅から徒歩10分、西新宿駅から徒歩3分のところにあるマンションの4階を借りました。物件取得費の約100万円は貯金から捻出。もともと照明やブラインド等がついている物件だったので内装工事はせず、イケアで総額10万円で買い揃えたテーブル、イス、棚を置きました。

生徒さんは20~40代の女性が多く、関東圏だけでなく、仙台、新潟、静岡、沖縄等、全国から通ってきています。コースの種類は、キャンドルづくりを楽しむ「クラフトコース」、より詳しい知識を得て、作品の販売等もできる「アーティストコース」、お教室を開ける「インストラクターコース」。毎回のレッスンは、最大5名の少人数制。

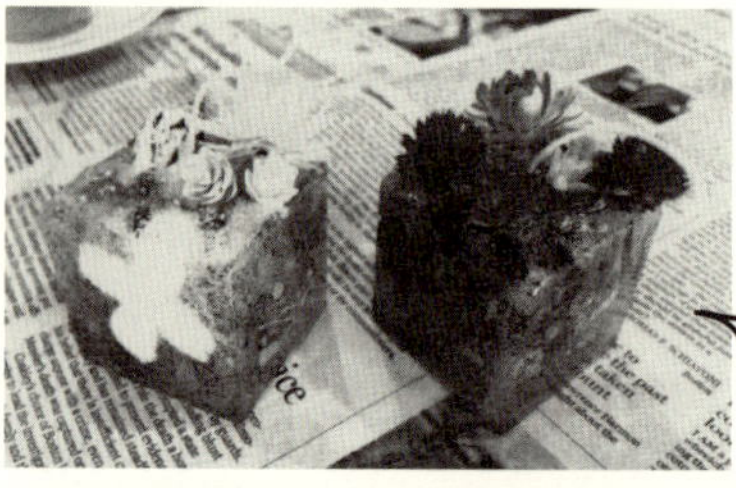

ネイリスト経験のある齋藤さんだからこそ思いついた技法を使った「グミ＊ボタニカル」

起業後、朝10時にレッスンがはじまり、17時には帰る、規則正しい生活に。開講から1年半で、卒業生の中から「手伝いたい」という人が見つかって、夜のレッスンを任せるようになり、レッスンの時間帯が広がったそうです（それまでは、夜間や日曜のレッスンは、ダンナ様が家にいられる時だけ開講）。CA時代は、早朝勤務や夜遅くまで帰れない日は、夫やベビーシッターに子どもを預けていましたが、今では「朝も夜も、子どもと一緒にいられるようになりました」。

雑誌でボタニカルキャンドルを見かけてとりこになってから9ヶ月で、認定講師となって教室をオープンさせた齋藤さん。考案した「グミ＊ボタニカル」は、固まって型抜きができる透明のワックスを使い、ドライフラワーやプリザーブドフラワー、香りオイルを入れたグミ＊キャンドルです。花も香りも楽しめる、とても華やかなキャンドルづくりは体験レッスンでも人気です。

「レッスン時間は楽しく、私にとっても癒しになっています。『教室の雰囲気が好き』と言って入会してくれる生徒さんが多く、嬉しい」。CA時代に磨いたコミュニケーション力とネイルの技法、今までの経験がすべて活かされています。

Candle Studio L'OASIS（ロアジス）
住所：東京都新宿区西新宿8-15-15　カトルセゾン404
電話：070-5363-1172
HP：http://candle-loasis.com/index.html
Mail：info@candle-loasis.com

生徒さんからは「教室の雰囲気」も人気。「卒業しても連絡をくださったり、わざわざ会いに来てくださったり、楽しいですね」（齋藤さん）

no.06

自宅のパソコンでお仕事をはじめよう！

あなたのお家にパソコンがあれば、それでお金を稼いじゃいましょう。パソコン1台ではじめられるビジネスを挙げてみます。

＊新しい「ウェブサービス」をつくる

プログラミングができるなら、新しいサービスをつくるのがおススメ。女性プログラマーによる「生活に密着した独自サービス」は増加中です。狙い目は、「自分が欲しいサービス」。あると便利だけれど、まだ世の中にない。だったら、つくってしまいましょう。すぐに大当たりとはいかないかもしれないけれど、利用者の増加とユーザー層の特徴を観察してください。自分でシステムを構築しなくても、人に頼んでつくることもできます。

＊「ネットショップ」の運営

「クラウドソーシング」サイトで、お仕事を受注

クラウドソーシング

インターネット経由で、個人でお仕事を受発注できるウェブサービス

ランサーズ：http://www.lancers.jp

クラウドワークス：http://crowdworks.jp/

@ SOHO：http://www.atsoho.com/

サイト上に、ウェブサイトの制作、ウェブシステムの構築、ロゴマークやチラシのデザイン、ライティング等のお仕事が掲載され、それを受注。ウェブで完結する働き方なので、地方都市や海外で受注する人も多いもよう

ネットショップなら、最初は自宅で運営できます。自宅のパソコンで受注管理をし、商品を梱包。宅配便に自宅まで来てもらい、お客様に発送します。自分でできる範囲で行なうならずっと自宅で、売上を大きく伸ばしていきたい場合は、人を雇って倉庫のような広い場所で発送する必要も。ひとりで運営して年商1億円という女性もいらっしゃいます。

＊イラストレーター、ウェブデザイナー、ライターとして独立

パソコン1台で独立できる、イラストレーター、ウェブデザイナー、ライター等の職業。ノートパソコンを持ち歩けば、カフェや新幹線、電車、クルマの中でも仕事ができます。

case.09

小《お》原《はら》若奈さん
不動産営業⬇ウェブデザイナー⬇犬グッズ通販専門店

自宅兼オフィスの様子。商品撮影も行なうリビング兼オフィス。ふたつの机、オシャレな家具が並ぶ、カッコいい空間

犬グッズ通販専門店「Bonbon（ボンボン）」を運営するのは、小原若奈さんとアメリカン・コッカー・スパニエルの「だいもん」部長。自宅兼オフィスは、夫（別事業を営む経営者）や愛犬・だいもん君との暮らしだけでなく、仕事もしやすい心地よい空間です。

小原さんは、高校時代から漫画家として雑誌で活躍した後、さまざまな職種に就きながら独立力をアップさせてきました。大学卒業後は「広い世界を見てみたい」と、不動産仲介の営業職として就職。会社で新人賞を受賞するほど営業にやりがいを感じたけれど、高い営業成績を期待され、それに応えようとすると仕事に限度はなく、終電を越えて帰宅する毎日に危機感を抱きました。

開業費用

スタッフ▶店主ひとり

自宅で開業

物件取得費	（住居なのでゼロ）
内外装工事費	ゼロ
備品（仕事机、ソファー、椅子、棚類）	約12万円。パソコンはもともと持っていたものを使用
外注費（Webシステムのコーディング）	約15万円
仕入れ費	20万円

【営業】

毎月のコスト（仕入れ代等）	7～8万円（オリジナル商品は除く）※月による
客層	40～50代の女性が多数
客単価	約4,000円

「将来、自宅でもできる仕事」を探して働き方を変え、ウェブ制作のベンチャー企業に転職。ウェブデザイナーとして4年間働き、ウェブ制作の知識を深めていきました。2010年、勤務先がデザイン制作を外注する方針になった際、ウェブデザイナー兼イラストレーターとして独立。前社から受注しながら、独自の道を進みはじめました。

独立後は、以前から学んでいた心理学やカウンセリング、コーチング資格を活かし、コーチの仕事も並行。そんな中、「『犬』に関連する事業を立ち上げたい」と、ネットショップ、スマホアプリの開発等、さまざまな方向性を検討しました。

＊サイト開設のきっかけは、愛犬・だいもん君

ネットショップの構想を練りはじめたのは、サイトオープンの1年前。きっかけは、だいもん君を飼いはじめ、健康に育てるための情報を収集するうち、「より安全な物を紹介したい」と思ったこと。犬グッズ専門のネットショップをはじめることを決め、サイトのデザインは小原さんが行ない、システムのコーディン

ある1日のスケジュール

7：30	だいもん君に起こされ、朝食。朝食後に10～15分間、夫婦で1日のタスクリストを共有
8：30	自宅で仕事開始。ネットショップ「Bonbon」の受発注、メール対応等
12：00	昼食
12：30	ブログを書く。在庫のチェック、仕入れの手配
14：30	外出の準備
15：00	自宅を出て、駅へ向かう
16：00	都内のカフェで、コーチングのセッション
17：30	帰路につく。最寄駅で買い物
18：00	帰宅、だいもん君の散歩へ
19：00	夫婦で夕食づくり、夕食とだんらん
20：30	新商品の企画（疲れて寝てしまう日も）
25：30	お風呂、就寝

（ネットショップ運営：ウェブデザイン受注：コーチング＝7：2：1の割合で並行中）

グは外注。そして２０１４年1月、ネットショップ「Bonbon」をオープン。自身が使って「いい」と感じた犬用シャンプーや無添加ドッグフードを並べました。ところがサイト開設から1年弱、ほとんど売上が立たない日が続いたのです。

＊売上が伸びたのは、サイト開設から約1年後

さまざまな方法を試しながら、「めげずにやり続けてよかった」。好転したのは、同年12月にオリジナル商品「イヤーシュシュ」の販売を開始した頃からでした。アメリカン・コッカー・スパニエルという犬種は、毛が長く、耳も長くて垂れ下がっています。それが原因で耳が蒸れて外耳炎になりやすい上、毛によだれがついて散歩に行くだけで耳がほこりだらけになるのが悩み。そこで、耳の通気をよくするため、両耳に着用するシュシュを制作。ツインテール（ふたつくくり）になった、だいもん君の写真をウェブにアップすると、人気商品になりました。「自分が飼っているからこそわかる、悩みや〝もどかしさ〟。『こんな商品があればいいのに』という要望を盛り込んだ商品にお客様も共感してくださったと感じます」

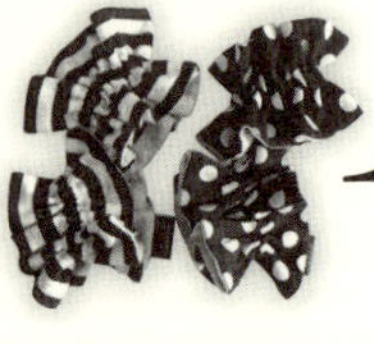

自社製品「イヤーシュシュ」。綿100％や麻等、吸湿性のよい素材を使い、実母がハンドメイド。生産が追いつかないため、縫製する人材を増員中

日本アニマルウェルネス協会認定のホリスティックケア・カウンセラー資格も取得し、ペット栄養士資格も勉強中。犬の健康に関する知識を活かし、栄養価を上げるトッピング商品やおやつ、季節商品の紹介に力を入れています。「量販店で扱っている商品でなく、高額でも自分で使ってみて本当によかったモノを厳選。『だいもんを健康で長生きさせたい』という思いが、結果的にお仕事につながっています」

＊お客様との「顔の見える交流」が楽しい毎日

ブログやフェイスブック、インスタグラムを活用し、だいもん君の様子やお店の情報を共有。「最初は情報発信の場として考えていましたが、フォローしているワンちゃんの写真がすごくかわいくて思わずコメントしています。仕事なのか趣味の時間かわからなくなるくらい（笑）」。最近では全国各地にいるお客様に直接会う機会も増えました。「日頃からSNS等で密にコミュニケーションをしているので、心の距離が近く感じられます。よい商品はオーナーさんとワンちゃんのパートナーシップも深めてくれます。今後も犬の健康長寿をめざしながら、素晴らしい商品を提供したい。たくさんの方にお会いできるオフ会も開催してみたいです」

Bonbon（ボンボン）〜愛犬と、いろどり豊かな毎日を。〜
HP：http://bonbon-dog.com/
ブログ：http://blog.bonbon-dog.com/
Mail：info@bonbon-dog.com

テーマカラーは、小原さんの好きなオレンジ。漫画家時代に考え抜いた「構図」がウェブデザインに活き、各ページにはまるで漫画のような明るさが溢れています

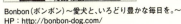

case.10

家業の書店・大手書店勤務 ⬇ 「料理書」専門の古本屋さん

小川綾子さん

新宿区中落合の住宅街を歩いていると、小さな看板を見つけました。「料理書専門古本屋 onakasuita」。庭を通って木造住宅の玄関を上がると、10畳半の和室に専門書や洋書がズラリ。古時計が掛かり、ジャズが流れる畳の間で落ち着いてゆっくり本を眺めることができます。

店主の小川綾子さんは書店の娘として生まれました。東大赤門前にあった鈴木書店は法律・経済の専門書店で、お父さんが婿入りしてから、大学や司法研修所に教科書を卸すまでに拡大。そんなお父さんはまさに仕事の師。「本のことは、お客様のほうが知っている」という基本から、「お札はできる限り、きれいなものを」という細かい教えまで、商売人魂を叩き込まれました。20代前半はアルバイトで貯めたお金でたくさん一人旅をし、25歳から家業を手伝うことになりました。

開業費用

スタッフ▶店主ひとり

	ネットショップ開店時	自宅兼店舗に移転時
物件取得費および内外装工事費	ー	70万円
備品(棚等)	ー	29万円
運転資金	ー	10万円
仕入れ費	5万円	5万円
ネットショップASP利用料	月額 数千円	

【営業】

店舗面積	10畳半(4畳半+6畳)
1日の客数	非公開
客層	8割が料理関係の仕事をする人、2割は料理好きの人 (男女比　5：5)
客単価	1,000 ～ 2,000円

＊古物商の免許を取って、ネット古本屋をオープン

大手書店勤務を含め、本屋での修業も8年を超えた30代前半、「本屋をはじめたい」と思っていた頃、複数のネットショップ運営ＡＳＰが立ち上がり、「ネットショップで本屋を開こう」と思い立ちました。選んだ分野は、「料理書専門」というニッチな世界。「新刊を扱う書店をはじめるには、取次店（本屋の問屋）とのつながり等、ハードルが高い。そこで、古本屋にすることにしました」。料理書に限定した理由は、「料理のレシピは、古くならないから。私が料理好きだったから、というわけではありませんよ（笑）」。

２００８年9月、所轄警察署に行き、中古品販売に必要な「古物商」許可を取得。そして、約１００冊の料理書を集め、同年12月、ネットショップ「onakasuita」をオープンしました。

＊「実際に商品を見たい」という声で店を構える

ネットショップをはじめて数ヶ月目、お客様の「実際に本を見たい」という声が増えました。また、買い取った本も３０００冊を超え、自宅では手狭に。そこで２０１０年11月、杉並区阿佐ヶ谷に、３坪の実店舗を構えます。しか

1日のスケジュール（平日の場合）

7：00	起床、朝食づくり。家事、買い物等、実店舗の掃除、ネットショップ更新、メールでの問い合わせ返答
11：00	昼食
12：00	開店。接客、ネットショップの更新、受発注作業、電話応対、メールでの問い合わせ対応、買い取り商品の見積書作成・値付け等
20：00	閉店
24：00	就寝

玄関から見える、明るい窓際にある机。お客様がいない時間は、ネットショップやブログの更新に勤しむ

古書の「仕入れ」は、すべて全国から宅配便で届く「買い取り」（現在では、20冊以上の買い取りに限定）。「お客様から届く段ボール箱を開けるとき、どんな本が入っているか、ワクワクして楽しい」

し自宅での仕事とは異なり、実店舗には常時いなければならないので、生活スタイルも一変。家庭と仕事を両立するため、実店舗の営業は11時30分から18時に。「限られた時間の中、ひとりで実店舗とネットショップの両方をいかに運営するか、悩むこともありました」

＊住宅街の一軒家へ移転、自宅兼店舗に

2013年12月、現在地（新宿区中落合）へ移転。5000冊を超えた在庫が収まりきらなくなったことを話すと、親族が空き家を貸してくれることになったのです。庭つき木造の一軒家、店舗には1階の4畳半と6畳の和室を活用。押入れを取り壊してスペースを広げて棚をつくり、壁を白塗りに。棚を新調し、本を並べる場所を増やしました。自宅兼仕事場となり、平日の営業時間を20時までに延長。お客様は、ホームページの情報を頼りに来店してくれます。「仕事冥利に尽きるのは、お問い合わせいただいた本を探し出し、お渡しする瞬間です」

店内に流れる「ジャズ」や「ボサノバ」は、「お客様に空気として扱ってもらえる」。さまざまな音楽を流してみて、たどり着いたBGM

＊介護中も営業時間は変えず、家族も自分も大切に

　自宅での介護も経験した小川さん。介護中でも、毎日、店に立つことで、自分らしさも失わずに過ごせます。ヘルパーさん数人にデイサービスの送迎を頼み、小川さんは仕事場へ。やむを得ず臨時休業する日は、ホームページでお知らせ、夜間は自宅で一緒に過ごしながら、ネットショップの運営をすることも。「介護や勉強、育児をしていても、人生を充実させたい。でも家族のことがおろそかになっては本末転倒。また、事業を成功させたいなら、真剣にがんばらないとならないですよね」。でも、家族のことや仕事がすべて１００％とはいかない時期もある。「その状況を自分で受け入れていく〝強さ〟〝心構え〟が必要だと思います」

　生まれた頃から親しんできた〝本〟、それを生業として自分の人生を歩んでいる小川さん。起業当初、個人事業主として税務署に開業届を提出した際には、「商売になるの？」と聞かれたそう。「今でもよく、『やっていけるの？』と聞かれますが、何とかやっていけます。おかげさまで開業7年目を迎えました」

店名【onakasuitaおなかすいた】の由来。小学校から帰ると、「ただいま」の前に、「おなかすいた」と言ってランドセルを降ろした小川さん。その声を聞いたお母さんは、おいしいおやつをつくってくれた。そんなふうに、料理は誰かの「おなかすいた」を叶えるためのもの、そんな想いを込めて

料理書専門古本屋onakasuita
住所：東京都新宿区中落合2-25-6
電話：03-3950-3803
URL：http://www.onakasuita-books.jp/
営業時間：12:00～20:00（月、水、木、金）、11:00～17:00（日）、火・土曜定休、および予約制

Part 4

誰に、何をどうやって売りますか？

no.01

「何」を売りますか？

さて、どんな商売をはじめましょうか？　要は、「何」を売るか、です。商売なのですから、もちろん「儲かるもの」がいいけれど、その前に、あなたのお客様は「何に価値を感じて、買ってくれるのか？」をじっくり考えなければなりません。

それでは、あなたに、質問をします。

「この1週間で、あなたは何を買いましたか？」

お店で、ジュースや紅茶、コーヒーを飲みましたか？　それは、飲みたかったから？それとも、ゆっくりくつろげる場所に座りたかったから？

習い事をするのは、なぜですか？　教養を身につけたい？　自分の時間をつくるため？　友人が欲しい？

洋服を買ったのは、なぜですか？　着るものがない？　ブランドを身につけたい？　きれいになりたい？　新しい自分になりたい？　リフレッシュ？　店員さんとのおしゃべりで元気が出た？

マッサージや整体、はりの施術を受ける理由は？　健康になりたい？　ゆっくり癒されたい？　話し相手が欲しかった？

＊お客様が「本当に欲しかったもの」を提供しよう

私たちがお金を払う時、その「商品・サービス」だけを買っているわけではありません。「ブランドを得る高揚感」「店員さんに魅了されて」「安心感」「満足感」「リフレッシュ」等の〝感情〟を買っているのです。たとえば、手づくりのお菓子を売る場合も、商品はお菓子だけではありません。「お菓子をつくっている人は、どのような人か？（パティシエへの共感）」「手づくりの安心感」「量販店にはない特別感」「かわいいモノを買った、満たされた感」等。ですから、お菓子がおいしいだけでなく、「洗練されたお店のイメージ」「かわいいパッケージ」「選び抜いた原材料の表示」等に力を入れる必要があるのです。「お客様は、本当は、何が欲しいのか？」をじっくり考えてみましょう。

no.02

あなたの「お客様」ってどんな人？

あなたがはじめるそのビジネス、「お客様」はどんな人ですか？　商売は「お客様ありき」なので、これを見誤るとビジネスもうまくいきません。

＊一番のターゲット客は「自分」

一番買ってもらいやすいのは、「自分みたいな人」。自分自身と同じ「悩み」や「困りごと」を抱えていたり、同じようなモノが好きな人をお客様にする商売なら、あなたにはお客様の気持ちが手に取るようにわかるでしょう。「自分が欲しいモノやサービス」を選んだり、つくったりすれば売れます。ただ、「自分みたいな人」に多く出会う方法探しに頭をひねることになるでしょう。ネット上での宣伝、フェイスブックやブログ、インスタグラム（写真ブログ）で、あなたの考え方や好きな世界観をアピールし続ける必要があります。また、同じ趣味や悩みごとを持つ人の同好会に出かけたり、勉強会を開催する等も。

＊お客様を観察してニーズをつかみ、ニーズに合わせて新商品・サービスを取り入れる

もっと広い客層に売る場合、「お客様はどのような人か？」を知る方法は、実際にいろいろな人に商品やサービスを見せてみることです。そこで相手の「食いつき具合」をしっかり自分の目で見る。どんな人の目が輝くのか。その会話の中で「何を求めているのか？」「なぜその商品が欲しいのか？」を読み取る。これは、絶対にあなた自身が行なってください。お客様を知ることは、商売の一番の「かなめ」ですから。

そして商品・サービス構成は、お客様に合わせて変えていきます。それは、最初にあなたが「売れる」と考えていたモノと違うものになる可能性が高いですよ。

たとえば、セレブな街で、カラー（色彩）に関するお教室を開く場合。そこに通うお客様の興味は、色彩だけでなく、美しい花やアクセサリーにもありました。それを知ったオーナーは、「フラワーアレンジメント」や「アクセサリーづくり」のレッスンを増やし、収入を増やしました。実は、カラーのお教室に通っている生徒さんの中には、「セレブな街で、お教室に通うことが好き」という方もいたのです。

お客様の「本当のニーズ」を掘り起こしていくことが、売上アップにつながります。

no.03

それは、商売になりますか？チェックリスト①【客層と商品】

今、あなたが考えているビジネスが、はたして「商売」になるか？　を検討してみましょう。次のチェックリストを見てみてくださいね。

＊①商品・サービスは、「誰」が欲しいと言っていますか？

つまり「お客様はいますか？」ということ。「（自分が）売ってみたい」商品は売れない可能性が高いですが、「これが欲しい」と言われた実績がある商品は売れます。

＊②同じような商品を見かけたことがありますか？

形あるモノの場合、百貨店やショッピングセンターで同じような商品を見かけた時点でアウト。「他で売っていないもの」「個性的で、買いやすい価格」のものしか売れません。

一方、「マッサージ施術」「占い、カウンセリング」「コンサルティング」のように、「誰

商売になるか？　チェックリスト

- □「これが欲しい」と言われたことがあるか？
- □ 形あるモノの場合、「他で売っていないもの」「個性的で、買いやすい価格」か？
- □ 半年以内にまた買ってくれるタイプの商品・サービスか？

が提供するか」が重要視されるサービスは、競合がたくさんいても大丈夫。商品は「あなたの個性」なのですから、唯一無二です。

＊③「リピーター」が生まれる商品ですか？

わかりやすい例を挙げると、ひとり起業で〝一軒家〟を売るビジネスは、難しい。その理由は、「一度、家を買った人が、次に家を買うまでに数十年かかる」から。でも、〝化粧品〟を売る商売なら長続きします。なぜなら、「すぐに消費して、気に入ればまた購入してくれるから」。

半年以内にリピーターになってくれるタイプの商品・サービスか？　が鍵です。

no.04

それは、商売になりますか？チェックリスト②【お金と時間】

＊④客単価は「２０００円」以上ならベスト

ショッピングセンターには１００円ショップが溢れていますが、低価格での販売は、資本力がある大企業だからできること。ひとり起業家は、安いものではなく、価値の高い、差別化された高単価のものを売ることで、利益が出せます。

最低でも、１回にまとめて購入してくれる金額（客単価）が２０００円以上になるように価格設定をしましょう。たとえば、「○○と△△のセットで□□円」といったふうに。「○個セットで□□円に割引」なんてよく見かけますね。

＊⑤「利益」は出ますか？

詳しくは１４４ページで説明しますが、ビジネスの中には、「売上」は増えても、あまり「利益」が残らないものがあります。ひとつの商品が売れた時、「利益はいくらあるか？」

商売になるか？　チェックリスト

- □ 一度に購入してくれる金額＝客単価が2000円以上か？
- □ 「利益」がきちんと出るか？
- □ 移動時間は往復２時間（片道１時間）以内か？

をしっかり計算してください。

＊⑥「往復２時間以上の移動」が必要ですか？

モノ・サービスを売るために、毎回「往復2時間以上」かかるビジネスは、両立ライフを送りたい女性にとっては困難です。

理由は「限られた24時間を消耗しやすい」「体力的に厳しくなる」から。

自宅で売れるもの、または片道1時間以内の移動で売れるものを探しましょう。

no.05

ビジネスの「仕組み」のつくり方【売り方編】

起業する時に最初にすることは、いわゆる「ビジネスモデル」づくり。事業アイデアを考えた後は、それを「どのように運営し、どのような流れで売上を確保していくのか？」を考えていきましょう。次の点に注意しながら、事業を回していく「仕組み」をつくります。

＊①販売を行なう場は、「実店舗」「ネットショップ」「借りた会場」のどれ？

あなたの商品・サービスは、どこで売るのが最適でしょうか？　たとえば、お菓子職人になる場合も、

「ケーキを売るなら、生ものだから、リアルなお店で売りたい」

「ひとりで好きな時間に仕事をしたいから、ネットショップ（だから生ケーキでなく、焼菓子の販売に変更しよう！）」

商売で一番難しい「集客」の方法を最初に考えよう

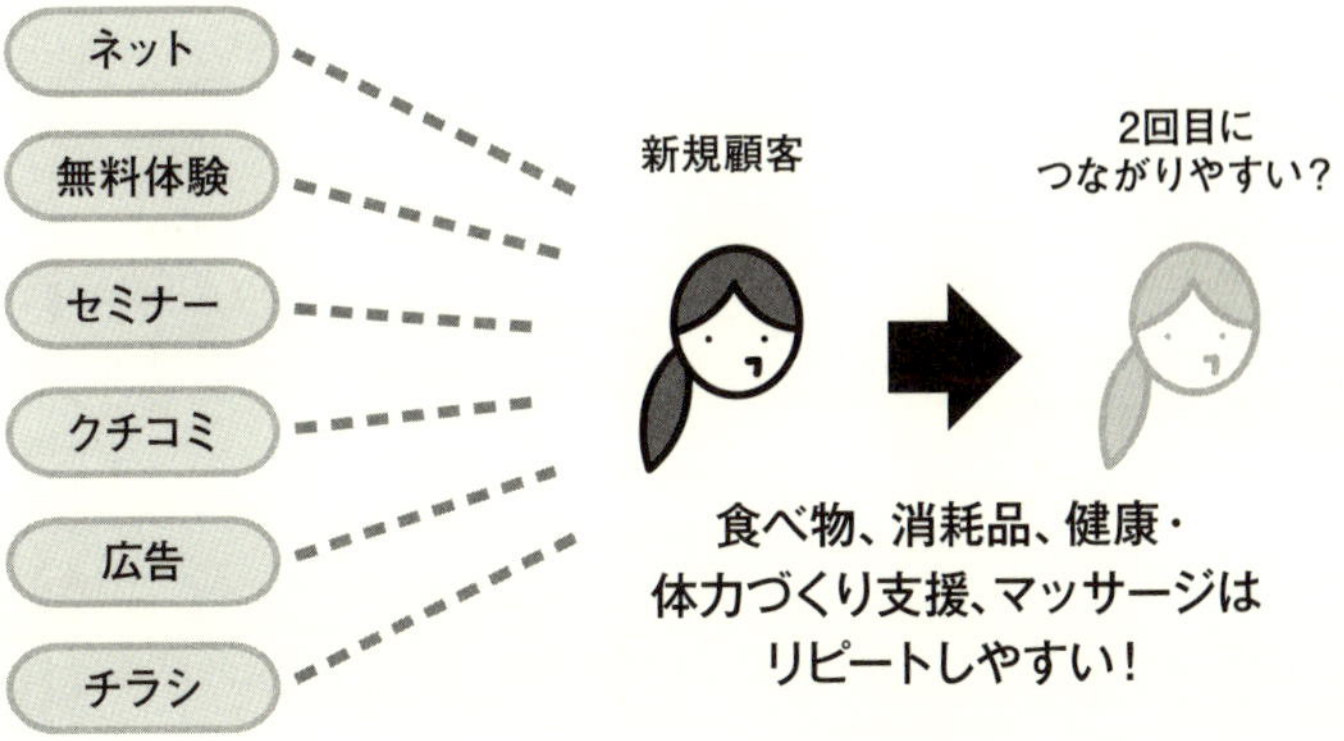

「イベントがある時だけ出張販売するクッキー屋さんにしよう」

と、出店方法によって販売しやすい商品群が変わります。

＊②「新しいお客様」獲得の方法は？

商売で一番難しいのは、「集客」。新規顧客獲得の入り口は、「ネット経由」「無料体験」「セミナー開催」「クチコミ」「広告掲載」「チラシ配布」などがあります。あなたはどんな方法を考えていますか？

一番いいのは、先ほども書いたとおり、「リピーター」になってもらいやすい分野を選ぶこと。リピート率が高い分野の例は、食べ物系、消耗品、健康・体力づくり支援、マッサージ施術等。逆に、ウェディング系商材のリピート率が低いのは、ご理解いただけるでしょう。

no.06

ビジネスの「仕組み」のつくり方【お金編】

＊③お金をもらう「タイミング」は？

お客様にお金をいただくタイミングは、〝早い〟に越したことはありません。入金のタイミングが、商品・サービスを提供するよりも前なら、余裕を持って商品の仕込みができます。

たとえば、前ページの②で挙げたウェディング業界は、ひとり起業に向いているとは言えませんが、「前金制」が多いので、リピーターは少ないけれど、安定的に商売ができます。商品を仕入れてから販売までに時間がかかる場合は、資金繰りの方法を工夫しなければなりません。

＊④「人手」がかからない仕組みづくり、システム化

商売には、「販売までにかかわるスタッフ」が数多く必要なものと、ひとりでも提供可

お金を“早く”もらえる商売か？

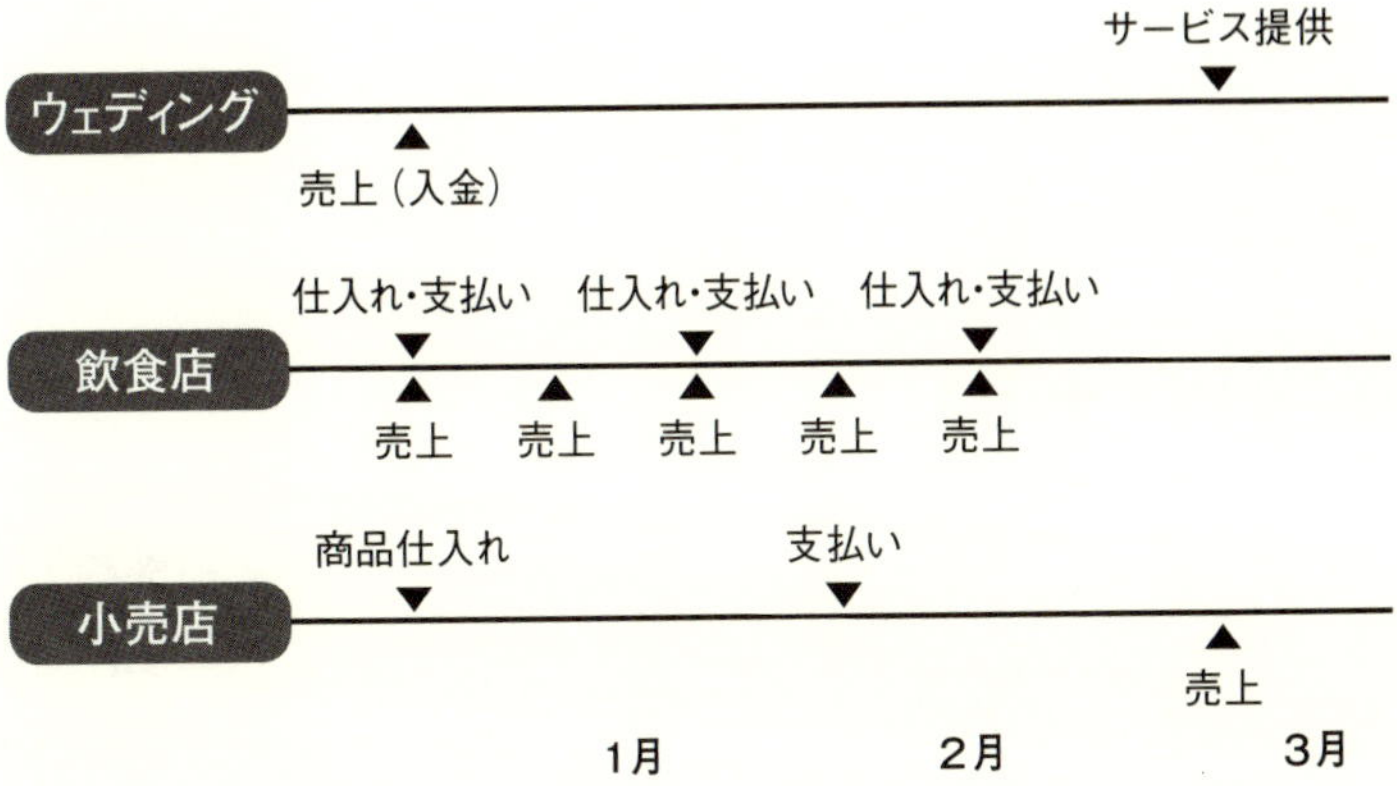

能なものがあります。実は私は、起業当初、人材派遣に似たビジネスをはじめましたが、途中で繁盛するほどスタッフ数が必要になり、「ひとりで続けることは難しいビジネス」だと気づいて断念しました（派遣会社って、たくさんの営業さんがいらっしゃいます）。

その時、「ひとりで回せる事業かどうか？」を見極めることが大事だと痛感しました。そこで、ひとりでじっくり取り組める経営コンサルティング業に注力することにしたのです。

これらの条件を整えて、あなたらしいビジネスをつくっていきましょう。

no.07

どうやってお客様を集めましょうか？

「起業したけれど、売れません」。ひとり起業塾セミナーに参加された方から、よく伺う言葉です。結論から言えば、「どのように売るか」を戦略的に考えずにビジネスをはじめると、「集客」に苦労します。起業する際には、「こうやってお客様を集めよう」と、あらゆる手段を考えておくことが大切です。あっ、でも心配しないでください。私の感覚値ですが、起業家のうち90％が、ビジネスをはじめてから「売り方の成功法則」を見つけていらっしゃいます。まずははじめたもの勝ち！　走りながら考えればいいのです。

さて、あなたの商品・サービスを、どのように売りましょうか？

＊そもそも、あなたの商品・サービスの「情報」をバラまいていますか？

実は私自身も、起業した当初、「ようやく起業したのに、なぜお客様が来ないのだろう？」と、まったく鳴らないケータイを握りしめた時期がありました。でも、それは当たり前。「こういう事業で起業した」と、30名くらいにしか伝えていなかったんですね。事業内容を話すことが恥ずかしく、「お客様は、向こうから勝手に来てくれるもの」と思っていました。実際には、「知らない人に2000枚のチラシを配って、お客様になってくれるのはそのうち1人」というデータもあります。こちらから積極的に情報をバラまかないと、お客様は増えないということですね。

＊お客様は「会う」ことで見つかる

実際に会って接客するのが、一番お客様を得やすい方法です。押し売りがマズいのは、皆さんもよくご存じだと思いますが、「相手に合わせて説明する」には、「会う」ことと「商品を見せる」のが一番。よく「10分間、無料サービス」とか「展示会」が開かれているのは、「実際に、商品・サービスを試してもらう」ためです。

ある料理教室を主宰する先生は、料理系のイベントに出て、自分のお教室の生徒さんをゲットすることもあるそうですよ。これは一例ですが、売上が伸びる社長さんほど、積極的に社外の人と会っていますね。

no.08

自分でお客様を集めよう！ 7つの集客手段

*「ネット」で宣伝活動を！

ネットの場合、宣伝の「やり過ぎ」はありません。商品を「欲しい」と思っている見込み客は、ホームページの隅々まで読んでくれます。

*「取材を受ける」の効果は絶大！

第三者評価である「取材」には、大きな宣伝効果があります。新聞・雑誌・テレビに加え、ネット媒体からの取材は、あなたの商品・サービスを客観的に評価してくれる絶好のPR手段。取材の多い社長さんほど繁盛していく、本当にそう思います。

*集客手段を「3つ」は持ってください

次の7つの集客手段のうち、3つ以上を併用して集客しましょう。

- 「直接会って、売る人（あなた自身）をアピール」&チラシを渡す（潜在顧客のいる場所に出かけることも含む）
- お店等にチラシを置いてもらう
- （地域性の高いビジネスなら）チラシのポスティング
- 自社のネット手段でくまなく宣伝（ホームページ、ツイッター、フェイスブック、インスタグラムなどのＳＮＳ）
- （予算に応じて）ネットの検索連動広告（Google Adsense 等）
- 取材等の第三者によるＰＲ
- ビジネス相関性のある起業家と、集客を協力し合う

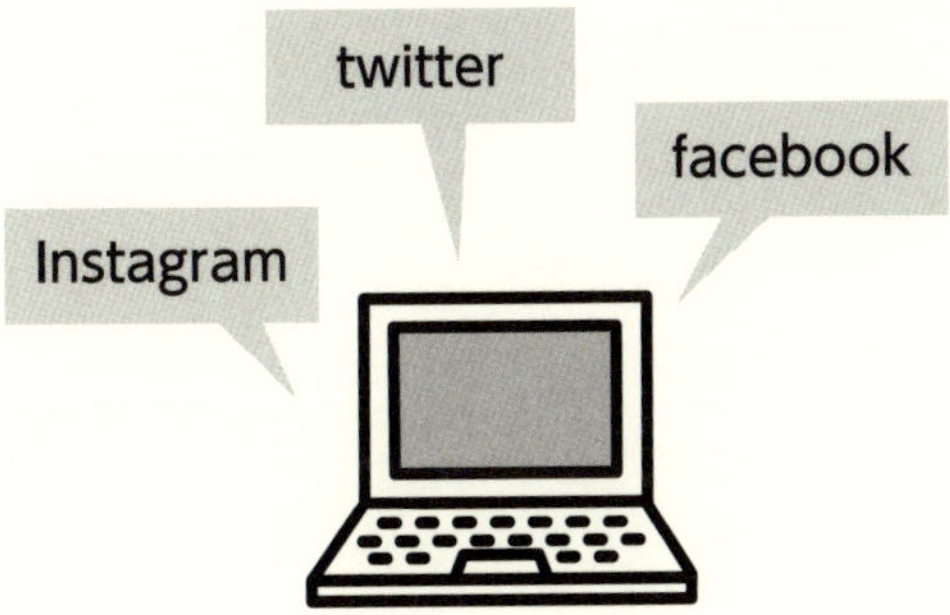

Part 5

起業とお金のはなし

no.01

「リスクは少なくはじめよう」とお伝えする理由

ひとり起業塾セミナーでは、「起業する際のリスクは、できる限り少なくしましょう」とお伝えしています。女性の場合は、特にそう。起業をする際に「カッコよく、華々しく」はじめる必要はありません。大切なのは、あなたに合うビジネスを見つけて、長く続けることだから。では、「リスクを少なくする」とはどういったことでしょうか？

＊「撤退」する潔さも必要

ビジネスは、自分が思ったとおりにうまくいくとは限りません。努力してもダメなら、「撤退」する勇気も必要なのです。この撤退する時に、一番厄介なのは、起業当初にあるだけの資金を使い果たしている場合。身動きが取れなくなります。いつも余裕を持って経営する、そのために「リスクを少なく」動くことが大切なのです。

＊小さな起業らしいやり方がある！

起業当初から派手にやろうとすると、大きな資金が必要です。お金をかけることはいくらでもできて、キリがありません。

たとえば、お店を出す場合、外観（外装費）、壁や床、きれいなテーブル・棚の設置（内装費）に力を注ぐと、店舗を借りる時にかかるお金（店舗取得費）と合わせて、全部で2000万円くらいかかるケースもザラ。

従業員を多く雇って大規模な営業を行なう場合は、すぐに多くの売上が立つのでいいのですが、ひとりでお店を切り盛りする場合、かけた資金を回収するには多くの時間を要します。その一方、外装や内装にほとんどお金をかけないで、繁盛している小さなお店はたくさんあります。

- 最初にお金をかけ過ぎて、その資金の回収に四苦八苦

それとも、

- 最初はあまりお金をかけず、余裕を持って経営。繁盛した分だけ、派手にしていく

あなたは、どちらのタイプが好きですか？

no.02

「お金をもらう」のに気が引ける、あなたへ

「お金をどのくらいもらえばいいのでしょうか?」と心配する女性は多く、よく相談を受けます。

はっきり申し上げましょう。「商品・サービスに値する代金は、きちんと頂戴してください」。加えて、「お客様は、お金を払うことで、とても幸せな気分になるのです」。

＊「お金をもらう」ことの2つのメリット

「商売では、お金はしっかり受け取りましょう」には、2つの意味合いがあります。

1点目は、お客様の心理面。さて、あなたに質問です。「無料でもらったケーキと、わざわざ店に行ってお財布から数百円を出して買ったケーキ、どちらがおいしいと感じますか?」。後者には、「自分で選び、自分で購入した」という満足感があり、お金を払うことで、「それ相応の価値があるものを得た」という幸福感を得るのです。

「お金」は買う側に「満足感」、売る側に「忠誠心」を育てる

2点目は、商品・サービスを提供するお店側の心理。「無料であげる」のは、ビジネスではなくボランティア。ボランティアだと、どれほど美しい心を持つ人でも、心のどこかに「タダでやってあげているのだから」という気持ちが生まれるでしょう。「商品・サービスに見合うお金をもらう」ことで、「お金をいただくからには、誠心誠意、お客様に尽くさなければ」という気持ちを保つことができるのです。

起業すると、「自分の商品やビジネスは本当に買ってもらえるだろうか？」と不安になる瞬間があり、そこで「お金を払ってもらう価値なんてないのでは？」と考えてしまうものですが、お客様が喜ぶことを提供すると、逆に感謝してもらえることさえ多いのですよ。

no.03

ひとり起業の値づけの法則

「知り合いには、お金をもらいにくい！」。これは、すべての起業家の悩み。起業当初は「今後のための肥やし」として低価格で請け負うことも多いものですが、起業2年目以降は、「自分は、このくらいの価格でやります。最低○万円で」といったように、自分の価格をはっきり提示しましょう。

＊「友人」への販売は実績づくり。儲けるのは「新しいお客様」から

お友だちは「起業したら、応援するよ！」と言ってくれるありがたい存在ですが、「利益をしっかり得る」ことは難しい存在。ほとんどの方は起業当初、お友だちに商品・サービスを買ってもらいますが、その代金は「材料費だけ」ってことも多いもの。そこから値上げを申し出るのは、お友だちとの関係が壊れてしまうのでは、と心配して勇気がいりますね。それなら、「お友だちからは、利益を望まない」と諦めてはいかがでしょうか？

大切なことは、お友だちへの「販売実績」をつくって、次につなげること。実績ができた後は、新しいお客様を見つけて、しっかり正規の代金をいただきましょう。

＊「安い価格」は、逆に怪しまれるかも！

スーパーマーケットに行って、あまりに安い食材を見かけて「大丈夫かな？」と思った経験はありませんか？　相場の値段よりあまりにも安いと、〝粗悪なもの〟に見えてしまうものです。実際にはとてもよい商品だったとしても、値段をあまりに安く設定すると、逆に売れなくなってしまいます。

＊お客様が払ってくれるであろう、最高額より少し安い価格

価格は、安く見積もらないでください！　ひとり起業塾セミナーに参加してくださる方が設定されている価格を聞いて常々思うのは、「ほとんどの方が、実際に売れる値段より、安い価格をつけている！」ということ。たとえば、1万円で売れるものを、まだ自信がないので4000円で売っている、とか。こういう事例はいっぱいあります。「適正価格」は、お客様が払ってくれるであろう、最高額より少し安い価格。あなたが自信を持っている商品・サービスの価格は、しっかり「自信を持って」つけてくださいね。

no.04

長持ちの秘訣は「○○」が少ないこと

地味な話で申し訳ないのですが、ひとり起業でうまくいく、つまり自分らしく、息長くお仕事をしていく秘訣は、「無理をしない」こと。いわゆる「身の丈」ってヤツです。

起業家と言うと、毎晩、六本木や西麻布、または銀座で豪遊しているイメージを持つ人も多いと思いますが、それをめざす場合は、従業員をたくさん雇うタイプのビジネスをしてください。従業員にほとんどの業務を委譲して、億から数十億単位の年商を稼ぎ出し、社長は華やかな人脈で大きな仕事を受注。そのような生き方にも憧れますが、一方で、「外食はすべてチェーン店や地域のなじみ店」という創業社長も結構多いのです。取材や講演では華やかな洋服を着るけれど、デスクワークの日は動きやすいノーブランドのTシャツ。米国西海岸のシリコンバレーでも、ラフなTシャツにパンツというスタイルが浸透しているのは、仕事を快適に効率よくこなすためです。

さて、ひとり起業の場合、身の丈に合った生活をすることが、長く生き伸びる秘訣だと書きましたが、この「身の丈」って何でしょう?

- **見栄を張らない**:ひと昔前は、ビジネスにも見栄が必要でしたが、今は欧米でも「エコ」が浸透し、必要以上に華美なものは賞賛されません
- **コストカットの意識を持つ**:「必要なもの」「リターンが大きいもの」にお金をかける
- **生活費を低く抑える**:ひとり暮らしでも、家族を養っていても、毎月の生活費を少なくすれば、余裕を持ってお金や時間を必要な勉強やモノに「投資」できます

いわゆる、倹約生活に似ていますね。必要なところにはたっぷりお金をかけ、経費を常に見直しながら削減する習慣をつける。見出しの「〇〇」とは「生活費」のことです。

起業すると、楽しくてやりがいがある分、会社員生活のような収入の安定性がありません。コツコツと倹約することが、お金と時間の余裕を生み、ひとり起業家の心の安定につながるのです。「今すぐではないけれど、いずれ起業したい」という方は、この「生活費のスリム化」だけでもすぐに取りかかることをおススメします。生活費を落とせば、起業後に稼がなければならない年収も下がり、それぞれの仕事にじっくり丁寧に取り組む時間が増え、より自由に暮らすことができますよ。

no.05

家計もビジネスも圧迫するものは同じ。「固定費」って知ってますか？

家計もビジネスも、圧迫する出費は実は同じです。「固定費」という言葉をご存じでしょうか？　固定費とは文字どおり、毎月決まって出ていくお金のこと。固定費は、売上がゼロでも発生します。売上がゼロなのに、固定費が毎月10万円かかれば、いきなり10万円の赤字になってしまいます。商売をはじめて、がんばってモノやサービスを売っても、固定費が多いほど、手元に残る利益は減ってしまいます。

＊おもな固定費は2つ

固定費のひとつ目は、「家賃」。家賃は、物件を借りたときから発生します。しかし、自宅で開業すると、ゼロという場合も。親戚の使っていない家を改造してお店にする、なんて場合、最初はご厚意でゼロ、なんてことも可能かもしれません。一方、都心の駅近くに物件を借りた場合は、どうでしょうか。毎月、家賃だけで数十万円かかりますね。

固定費は売上ゼロでもかかる！

家賃

物件を借りたときから発生。実店舗がなくても「自宅」「間借り」「貸しスペース」ではじめることも可能

➡自宅で開業：ゼロ
➡親戚の使っていない家を改造してお店にする：最初は厚意でゼロ、といったことも可能→知人のオフィスや店舗を間借りする：「月に数万円でいいよ」と助けてくれることも多い

人件費

自分以外にアルバイト、またはいつも一緒に活動してくれる社員を雇った場合、毎月、給料の支払いが発生

➡ひとりで事業を運営：人件費は「必要なときだけ」に抑えられる

> 私はセミナーでも個別コンサルティングでも、「最初は、家賃はできるだけ安く、お客様ができて売上の見通しが立ってから、よりよい物件に引越しましょう」とお伝えしています。それが、ビジネスを長続きさせるコツだからです。加えて、お店や事務所のスペースに応じて、電気、水道、ガス等の「水道光熱費」もかかりますね

2つ目は、「人件費」。自分以外にアルバイト、またはいつも一緒に活動してくれる社員を雇った場合には、お給料の支払いが発生します。私が、ひとり起業をおススメしている理由はココ。ひとりで事業を運営すれば、人件費は「必要なときだけ」に抑えられるからです。

お店を開く場合には、「どこまでひとりでできるか」を考えておきましょう。店舗面積が広くて調理の複雑なメニューを取り揃えると、ウエイターや調理人等、たくさんの人を雇用する必要があり、人件費が高騰します。売上の少ない時期は、「どうやってアルバイトさんの給料を払おうか？」と頭を悩ませることになってしまいます。

no.06

住宅街にたくさんある美容院は、なぜ潰れない？

住宅街にいっぱいあるのは、美容院と歯医者さん。「あんなにたくさんあるのに、どうして潰れないの？」と思ったことはありませんか。美容院が潰れない秘密を、ここで紐解いていきましょう。大きなポイントは3点あります。

＊人件費、家賃＝固定費を抑えている！

1点目は、家族で経営すれば、人件費がかからないこと。サービス業である美容院は、技術を売っているので、モノの仕入れがありません（もちろんシャンプーは仕入れますが、原価は知れています）。

たとえば夫婦で美容院を経営し、ダンナさんが髪を切って、奥さんが掃除やレジを担当すれば、自分たち以外の人件費がかかりませんね。美容師同士で結婚している場合も多く、そんな家族経営の美容院や理容室の数が一番多いし、細くとも長く営業されています。

2点目は、家賃を抑えていること。家族経営の美容院は賃貸よりも戸建てで、「2階が住居」というパターンが多いようです。事務所も2階にすることが多く、店舗兼住居の建築費の多くが事業経費となります。136ページにある通り、家賃を抑えているので長く経営ができるのです。

＊なじみのお客様にじっくり対応

3点目は、お客様の高齢化。住宅街に美容院をつくると、お客様とともに年齢を重ねていくことになります。繁華街の美容院には若い頃は通えても、年齢が高くなると通いにくい。自然と、通える範囲内でなじみの店を探すことになります。同じ地域に美容院がいっぱいあると、お客様は分散してしまうのですが、それが「ゆっくり、じっくり接客」を生みます。なじみのお店でじっくりお話しできることが、高齢のお客様になるにつれ喜ばれます。

たとえ1日の来客数が3名でも、パーマをかけて6000円なら、ひとり6000円×3名＝1万8000円。1ヶ月に22日営業すると、月商40万円弱。家賃が抑えられていれば、その多くが経営者の収入となるでしょう。だから、住宅街の美容院や理容室は潰れないのです。

no.07

開業資金って、どれくらい必要？

雑誌「アントレ」の調査によれば、「独立時にかかったお金」は、左ページのように、60％が200万円未満です。また、3人にひとりは50万円未満。女性起業家の場合、実店舗を持たない限り、この範囲ですむ人が多いのです。

＊開業時は「あれも、これも」と目が眩みがち。倹約すれば安く抑えられる

生活感を活かせば、開業資金を安く上げることができます。工夫して「安くすむ方法」を探しましょう。次にあげるような視点で、開業資金を安く抑えられます。

- 自宅にあるものを使う（パソコン等）
- テーブル、椅子、棚等の備品は、デザインがよい商品を格安の量販店で購入
- 商品の仕入れは、最小限（売れた時に多く仕入れる）
- 実店舗は、住居用のマンション、アパートも想定（立地は限られるが）

独立時にかかったお金

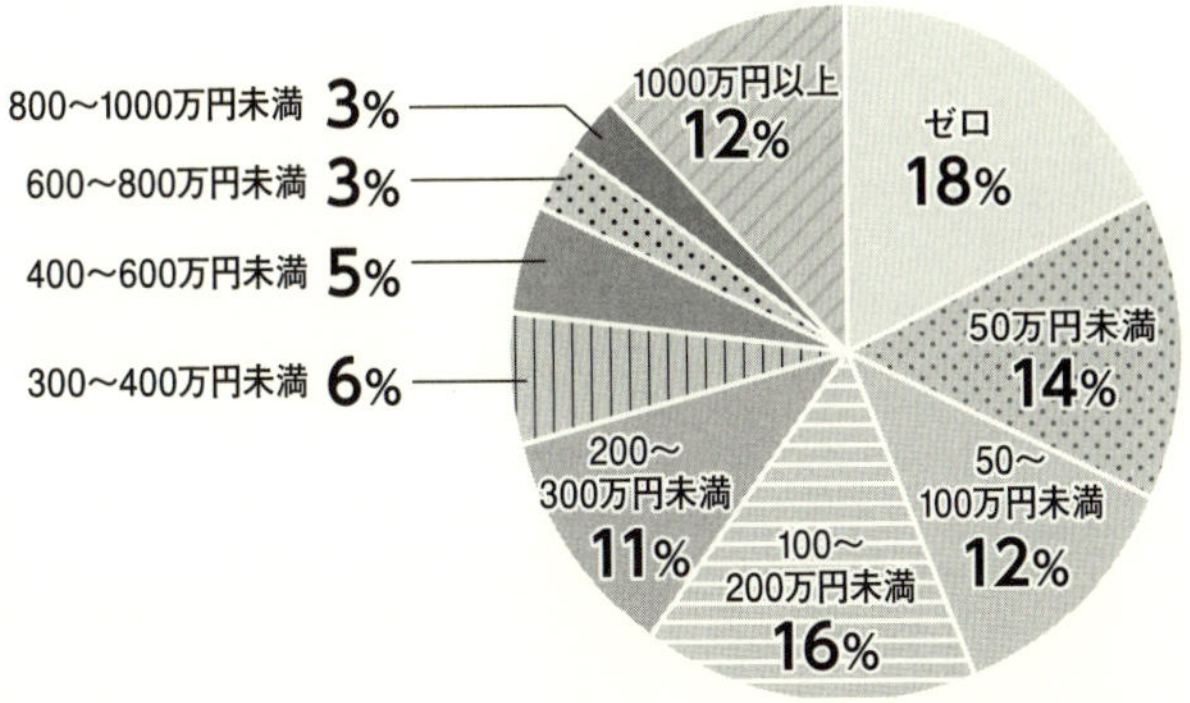

（出典：雑誌「アントレ」）

備品等は、ある程度儲かってから、希望に合うものを揃える

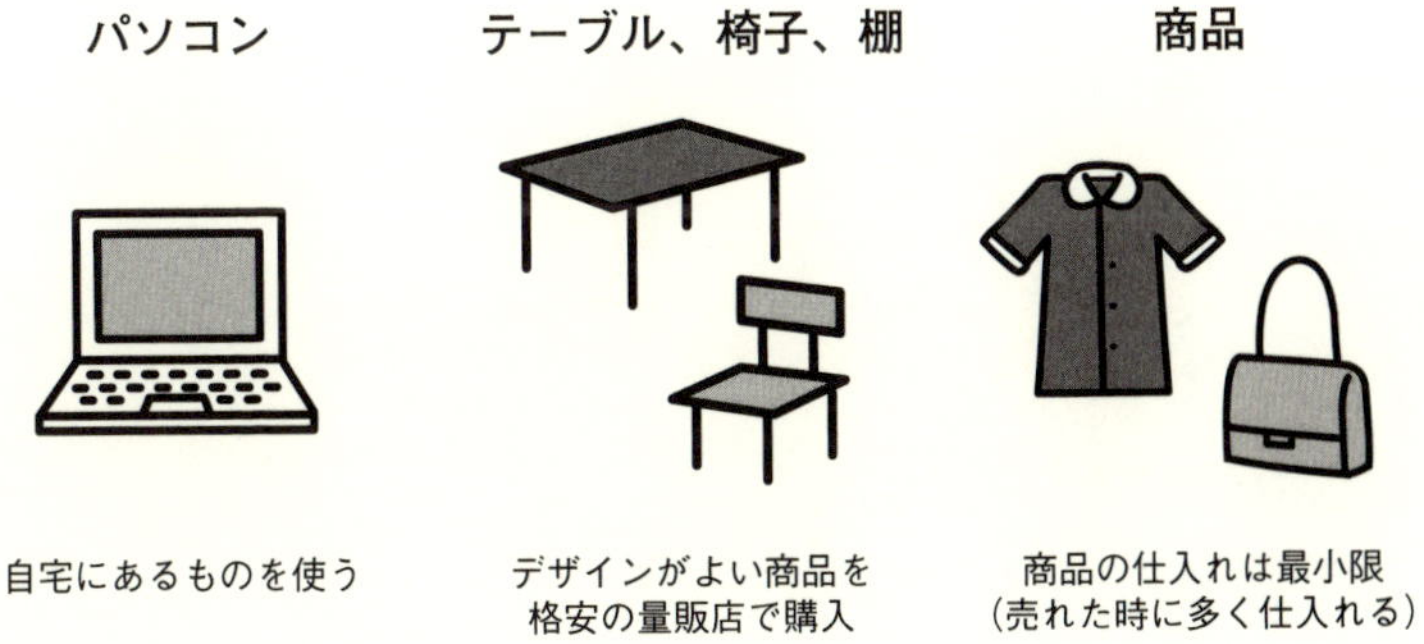

no.08

借入れ？　自己資金？　みんな、どうやって開業してるの？

貯金はあったほうがいいのは当然です。いわゆる「自己資金」。起業する時には「開業資金」が必要なので、「貯金」をそれに充てるか、「借金」をするか？

たとえば、自宅でお教室を開くなら、新しいテーブルや棚を新調するし、お店を開く場合は、内装工事をはじめる前から家賃が発生します。

また開業後、しばらくは売上が少ない時期が続くでしょう。私は、「開業から1年分、最低でも半年間の生活費は確保しておいてください」とお伝えしています。

そしてビジネスは、はじめるだけでなく、継続する仕組みをつくることが大切。その「続ける」にも資金が必要で、それを「運転資金」と言います。お客様が少ない時期にも、家賃、水道光熱費、電話やネットの通信費、消耗品費、電車に乗って仕入れに出掛ける旅費交通費等が最低限かかります。そのための資金も用意しておかなければなりません。

それでも貯金がない場合にはどうする？

1 家族や親戚から借りる

女性起業家の場合、数十万円から200万円くらい借りる人も

2 金融機関から借入れ

たとえば、日本政策金融公庫（旧：国民生活金融公庫）から数百万円を借りる等。金融機関に行って借入申請をする際には、「どのような事業か」「儲かるのか」を示す事業計画、「事業をするのに適した人材か？」といった質問に答えられるようにしておく

3 他の仕事で働き、資金をつくる

開業資金をつくるために、他の会社で働いてお金を貯める人も少なくない。好きなコトとはまったく違う「すぐに稼げる仕事」をして節約生活を送りながら、半年から数年かけて資金を貯めて起業、というパターン

4 最初は「お金のかからない起業」を選ぶ

開業資金を少なくする方法を探すパターン。「本当は、大通りに飲食店を開きたいけれど、最初はクルマを購入して移動販売で実績を積む」「料理の腕を活かし、開業資金のかからないケータリング事業からはじめる」など

5 クラウドファンディングの活用

「こんなプロジェクトをはじめるので、お金を支援してください」と声掛けをする資金調達法。特に、社会貢献事業を中心に、多い場合では数十万円から200万円弱の支援を得られることがあるよう。支援者へのリターンが必要

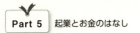

no.09

いちばん簡単で、大切な計算式

ビジネスをはじめると、毎日、考えることになるのが次の計算式です。

売上－ビジネスにかかるお金＝利益

ビジネスをして手元に残るのは、結局「利益」だけ。ビジネスにかかるお金とは、次のふたつです。

①提供する商品・サービスの「仕入れ値」（「原価」と言います）
②経費、いわゆる「販管費」（「販売費および一般管理費」を略した呼び名です）

たとえば、同じ1000円の商品を売るにしても、仕入れ値（原価）や経費によって、利益は驚くほど違ってきます。原価700円の商品を仕入れ、包装紙とリボンに200円をかければ、1000円－700円－200円で、利益は100円。ところが、原価が100円の材料を仕入れて自分で加工し、廃材となった英字新聞で包めばオシャレで包装紙代はほぼゼロ円。1000円－100円－0円で、利益は900円です。

原価や経費を工夫すれば、多くの利益が手元に残る

売上 − 仕入れ(原価) − 経費 = 利益

一般的な業種、商品別の原価率

飲食店	平均30%		
パスタ(ペペロンチーノ)	15%弱	ラーメン	25%
ビール	30%超	カクテル	25%弱
サンドイッチ	25%		
コーヒー	8%(1杯の原価は30円弱。400円で提供する場合の原価率)		
生しぼりジュース	38%(1杯の原価は150円弱。400円で提供する場合の原価率)		

パン屋	30%	洋服屋(既製服を仕入れて売る場合)	60%
焼き菓子屋	20%	雑貨屋(モノを仕入れて売る場合)	60〜70%
お惣菜屋	30%	花屋	20〜40%

*原価率とは、売り値のうち、原価が占める割合。30円で仕入れたものを100円で売る場合、原価率は30%。商品の種類や売り値によって原価率は異なる

経費=「販売費および一般管理費」(いわゆる「販管費」)

- オフィスや店舗の家賃
- 水道光熱費
- 交通機関の利用、仕事用車のガソリン代、宿泊料金等の旅費交通費
- アルバイト等の人件費
- コピー機等のレンタル料
- ノート、ペン、プリンターインク等の消耗品費
- 店舗のテーブル、棚、ロッカー等の備品費
- 商品、荷物の発送費
- 商品を包装する梱包費　等

ビジネスとは、
戦略的に、
数字の計算を
しっかり行なう
ことでもあります

no.10

「法人化」「屋号」「個人事業主」って何ですか？

ここでは、起業してビジネスを「個人」ではじめるか、「会社」を設立するか、のお話をしましょう。商売をはじめる時、最初に「屋号」をつけます。屋号とは、いわゆる個人商店の名前で、たとえば「○○商店」「○○事務所」「○○研究所」等、お店の看板や名刺に書かれているお店の呼び名。飲食店なら「○○カフェ」、「Bar ○○」、お教室なら「アトリエ○○」「□□スタジオ○○」、マッサージ・施術サロンなら「△△サロン○○」「○○整体院」なんてよく見かけますね。

さて冒頭の、「個人」か「法人」か、を考えていきます。ひとり起業家は、最初は「個人」ではじめる人が多いのですが、さまざまな理由で「法人」を選ぶ場合もあります。個人で事業をはじめる場合の呼び名は、「個人事業主」。正確には、税務署にきちんと届け出をした人が、個人事業主です。

次に、「法人化」という言葉を聞いたことはありますか？「法人」とは、いわゆる株式会社やNPO法人、社団法人といった組織の総称。「法人なり」という言い方は、株式会社やNPO法人を設立して事業をすることです。

＊法人を選択する理由

法人化のタイミングは、人それぞれ。ビジネスをはじめる時に、会社を設立する人がいますが、「信用力」が必要な業種だから、という理由がほとんどです。

たとえば、人材派遣や人材紹介といったビジネスだと、取引相手が大企業になる可能性が高く、「個人の○○子」よりも法人のほうが信用を得やすいことはおわかりでしょう。同じ紹介業でも、結婚紹介所のようにお客様が個人の場合は、「個人の○○子」でもいいかもしれませんね。

場合によっては、取引先が大企業で、「うちは、会社じゃないと取引できません」と言われることも。起業をした後に、取引先から「会社をつくってください」と言われ、法人なりする起業家もたくさんいらっしゃいます。私の場合は、信用力が欠かせない業務だったので、外資系コンサルティング会社に勤めていた時に有限会社を設立してから独立しました。

no.11

「法人化」ってどうすればできる？

法人にするか、しないかは、「会社設立後の税務」について勉強して、「法人を設立したほうがいいか？」をじっくり考えた上で、「設立する手順」を確認しましょう。

法人設立に必要な手続きは、簡潔に言うと、「事務所がある地域で、決められた機関」に行って「決められた書類を提出」し、「承認」を得ること。株式会社を設立するには次の手順をふみます。

①同じような会社名がないかを調査（「類似商号」の調査）
②株式会社の「印鑑」を作成
③「定款（会社名、事業内容、株式数、株主等を記す書類）」を作成
④会社本店のある地域の所轄「公証人役場」で、定款の認証を受ける
⑤金融機関で、「出資金（資本金になるもの）」の払込み

事業内容に応じて、法人形態を選ぼう

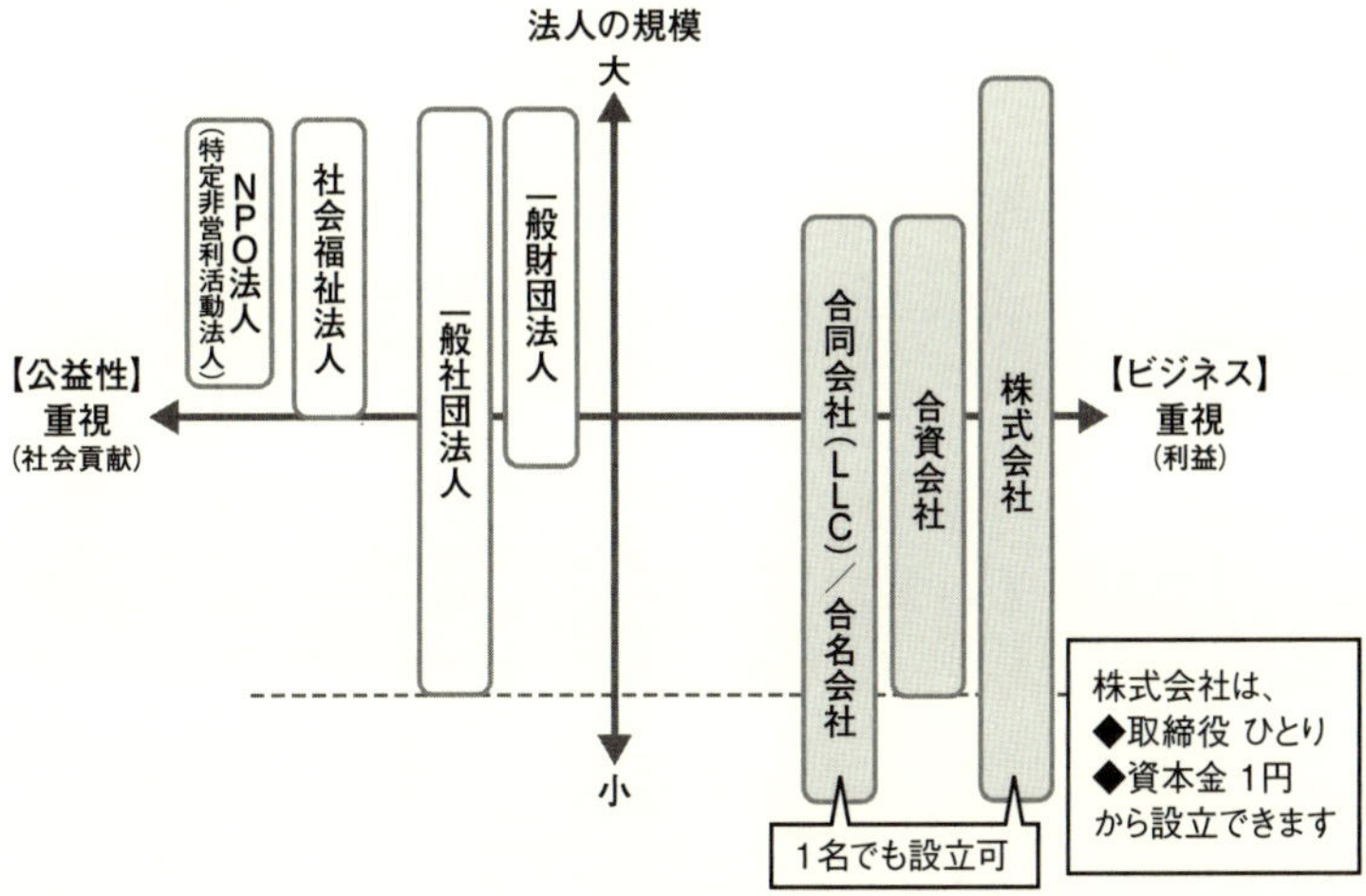

⑥会社本店のある地域の所轄「法務局」で、「設立登記申請書」を提出、審査

⑦後日、指定された日に会社設立が完了（法務局）。その後、税務署、都道府県税事務所等に各種書類を提出

株式会社の設立は、最短で1週間～10日間くらいでできます。あなたは、個人または法人、どちらの形でビジネスをはじめたいですか？

Part 6

オンナだからこそ、時間術

no.01

「時短」力は、一生モノのスキルです

充実した両立ライフを送るには、「時間をつくる」しかありません。ここでは、自分の時間を増やす方法を4ステップに分けて考えていきましょう。

＊ステップ1　「やらなくていい分野」を捨てる

まずは、断捨離！　「起業するのに、なぜ整理整頓を？」と思うかもしれませんが……。「なぜ、やる必要があるのか？」わからないけれど、毎日習慣化していることはありませんか？　あなたがはじめる仕事に必要がないことはありませんか？　「やらなくていい分野」を見つけて、思い切って捨てること。捨てなければ、新しいスペースは生まれません。

＊ステップ2　「やること（ToDo）」をすべてリストアップ

さて、次はいわゆる「段取り」の第一歩です。ノートや付箋に「やるべきこと」をリストアップします。ポイントは、仕事だけでなく、私生活の用事もすべて書き出すこと。「ブロッコリーを茹でる」「○○さんにメール返信」と、作業を細かく洗い出します。

＊ステップ3　優先順位をつける

リストアップした「やること」、いわゆるToDoリストに優先順位をつけます。それを実行しなければならない期限は、「今日中に、絶対やる」「1週間以内に、できればやる」「1ヶ月以内」「実は、やらなくても問題ない」とさまざま。頭の中では、それがゴチャゴチャになっているもの。優先順位が高い、「緊急」で「重要」なのものから処理していきます。

＊ステップ4　「同時進行」できるものを探す

ToDoリストには、同時進行できるものがたくさんあるはず。たとえば「ブロッコリーを茹でる」と「電話をかける」、「商品アイデアを考える」と「○○を買う」は、同時に行なえますね。かけ持ち作業は女性の得意なこと、何でも同時進行しちゃいましょう！

以上のステップを習慣化することで、「時短」力が身につきます。時間を有効に使うスキルは、一生ものなんですよ。

no.02

働く時間は、9－17時じゃないとダメ？

いくつものことを両立して働く場合、「タイムスケジュール」の組み方が重要。もし、あなたがすでに忙しいとしたら、「今までのやり方」や「考え方」は捨てることをおススメします。女性が使いやすい時間帯は、「早朝6～7時まで」と「夜寝る前の2時間」。早朝7時までは近所も寝静まっているので、静かで集中できるし、頭も冴える。夜寝る前は、明日の準備にあてましょう。「どの時間に、何をするか」、明日のダンドリを考えて準備とイメージをしておけば、スムーズに行動できます。

そして忙しい女性が活かすのは、「すき間の15分間」。家事の合間とか、カレーを煮ている間、早朝起きてすぐ、お風呂上がり、電車を待つ間。15分で集中すれば、結構お仕事がはかどります。細切れ時間を活用するメリットは、頭の切り替えがしやすいこと。私も昔は「15分では、何もできない」と思っていましたが、やってみると、いろいろなことができるから驚き。いくつも同時進行ができる女性には、もってこいの時間術です。

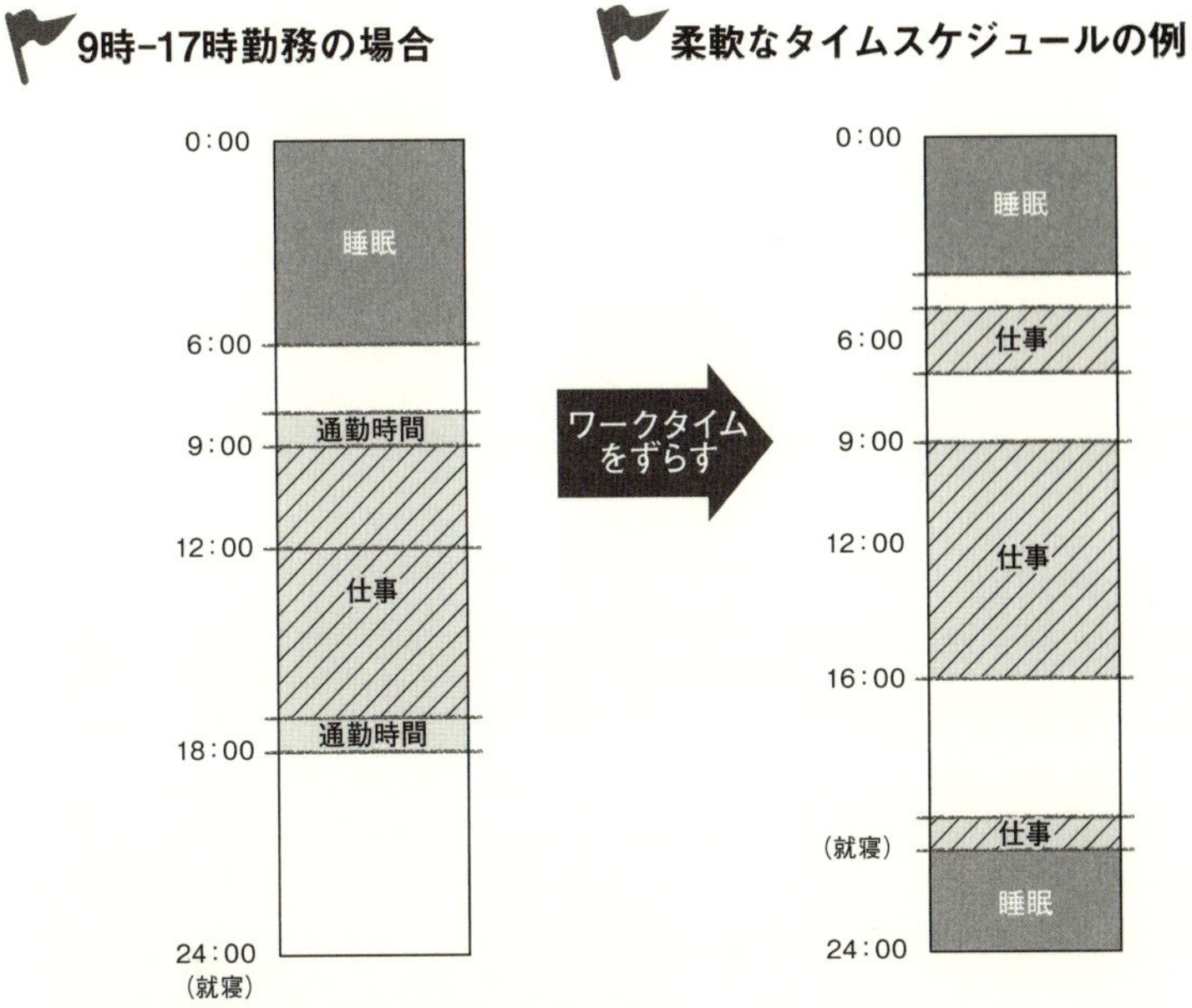

働く時間は、9-17時じゃなきゃダメ?

同じ7時間労働でも、早朝に1時間、9－13時で4時間、夜に2時間という組み方もアリ。『変身』等を書いた小説家カフカは、昼間はプラハの労働者傷害保険協会の職員として働き、小説を書いたのは早朝と帰宅後の夜だったとか

週5日バリバリ働くことがキャリア構築の条件?

ワークシェアリングが進むオランダのように、週3～4日でキャリアを築く仕組みもあります

毎日オフィスに行かなければならない?

お客様を訪問するお仕事なら、毎日オフィスに行く必要はなく、カフェでパソコンとケータイで電話するだけで事足りるかも。通勤時間をなくして、自宅でお鍋をコトコト煮ながら隣で仕事をすると、家事と仕事がいっぺんにできます

no.03

ルーティン作業vs あなたにしかできない仕事?

仕事には、大きく分けて、①「個性的に、創造すること」、②「誰がやっても同じデスクワーク（ルーティン作業）」、③単なる「体力作業」、があります。経営者が行なう一番大切な仕事は、①のクリエイティブな仕事。②は他の人にやってもらい、③は減らすことが肝心。それぞれにどのような仕事が当てはまるか、具体的に見ていきましょう。

＊①「個性的に創造すること」

事業のアイデアを考えること、考えたアイデアを実行しやすいスケジュール、やり方（タスク）に落とし込むこと、商品・サービスづくり、お客様の反応を見ながら改善すること、ブログやフェイスブック等の更新、取材対応等の広報活動——これらこそ、あなたのビジネスそのもの。自分のセンス、考え方のすべてを反映させる部分で、商売すべての肝。

＊②「誰がやっても同じ」デスクワーク＝ルーティン作業

データやアンケートの入力、商品の梱包・発送、経費の入力、オフィスの掃除等は、丁寧に事務作業を行なえる人に頼めば、あなたでなくてもできます。専門業者やアルバイトに頼める仕事。この作業を他者に委託することで空いた時間は、①の仕事に使えます。

＊③単なる「体力作業」

現在地から他オフィスへの移動、荷物を動かす、散らかったオフィスの整理整頓等。ひとり起業家にとって、体力は何より大切（あなたの代わりはいないのですから！）。こうした作業をいかに減らすかが、体力維持と時間づくりのコツ。

実は、仕事のように見えて、「あなたの時間をムダに消費する」コトもあります。それは、以前は重要なお仕事だった「電話応対」。今は、メールやSNSで用件のやり取りができるので、電話でのやり取りがさほど重要ではなくなりました（緊急の場合や口頭で説明したほうがいい場合は、電話が最適ですが！）。かかってくるのはセールス電話ばかり、なんていうケースもあるかもしれません。ひとり起業家は、24時間が命！　ネットを十分に活用して、あなたの個性を発揮できる仕事にエネルギーを傾けてください。

no.04

一番ムダなのは「移動時間」

いくつもの役割をかけ持ちする「両立ライフ」をはじめ、24時間を効率的に使おうとすると、たくさんの「ムダ」が見えてきます。その中でも特に〝もったいない〟のが、「移動時間」！

＊「自宅」「仕事場」「学校（介護施設）」の最適な三角形を！

一番、仕事と家族のケアを両立させやすいのは、「自宅」「仕事場」「子どもの学校または介護施設」を移動時間10分以内の三角形の中に収めること。

両立ライフを実現するため、自宅や仕事場を引っ越す起業家も多くいます。「保育園、幼稚園、小学校の近くに住む」「家族のケアがはじまったので、オフィスを自宅近くに移転する」等。自宅近くに、仕事をしやすいカフェがあればベストですね。

移動時間はトコトン減らそう！

「自宅」「仕事場」「学校（介護施設）」は三角形（10分以内）の中に

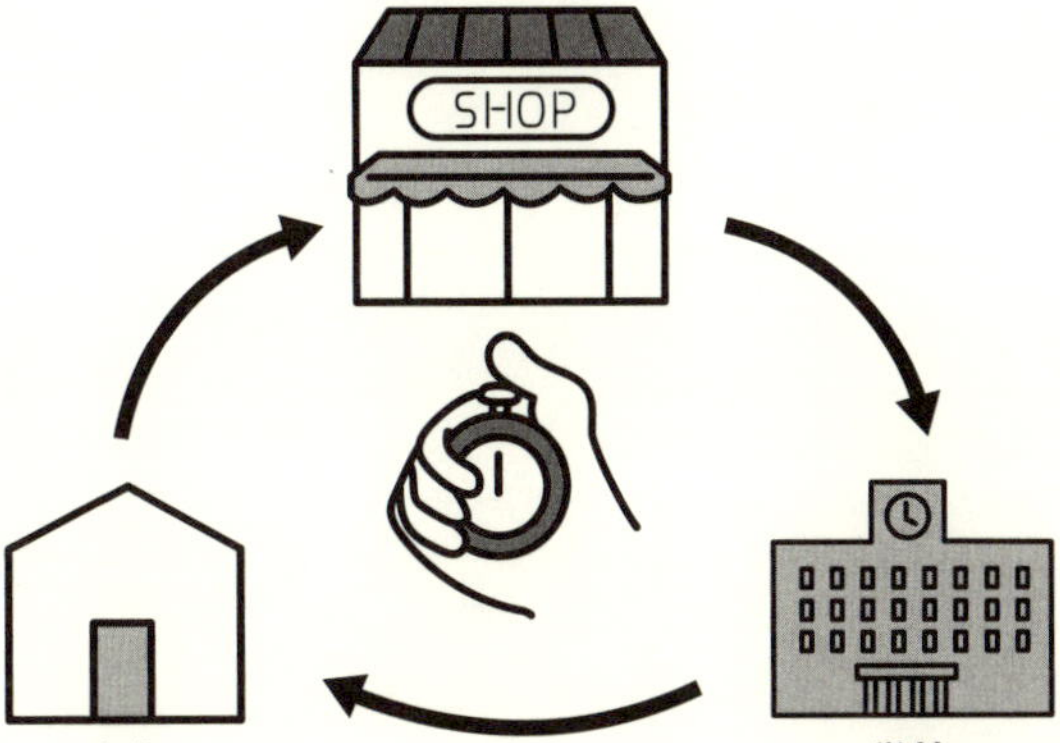

「通勤を週に2〜3日」にする

ある調査では、都内で働く会社員の約55%が通勤時間に片道1時間以上をかけています（不動産情報会社アットホームによる「『通勤』に関する実態調査」）が、最も効率的で快適なのは、「週に2〜3日だけ通勤する」というスタイル。

たとえば、営業職であれば、「お客様の会社への訪問」や「ミーティング参加」は同じ日に固めてしまい、週に2日だけパリッと仕事用の戦闘服に身を包んで外を歩く。それ以外の日は、パソコンや書類に向かう、電話をかける等の事務的な仕事を集中して行ないます。いわゆる「在宅ワーク」ですね。両立ライフを送る人にとっては、「通勤時間」は家族から切り離されてリフレッシュできるという意見も。外回りの日と在宅ワークを組み合わせることが、楽しい両立ライフの鍵となります。

no.05

ピンチ！を乗り切るダンドリ術は、お弁当づくりを応用

仕事をしていると、突然、困り果てるような事態が起こることがあります。いわゆる「ピンチ」は、対処に時間がかかって大変！　ピンチが起こる理由は、「想定していなかった展開になる」「必要なモノ、情報が足りない」「〝誰か〟が、予定外の行動に出る」など。

ピンチを防ぐ、または、ピンチが起きてもそのダメージを最小限にとどめる工夫があります。それは、「展開を想定しておく」「早めに準備する」「他人に依存しない」こと。

＊「数パターンの展開」を想定し、「3日間」の余裕を持っておく

今後の展開を3～4パターン想定し、「～になったら、こうしよう」とあらかじめ対処策を検討しておきましょう。また、予定日から「3日間」は、「即日中に対応できる」ようスケジュールに余裕を持っておくと、どんな事態にも対応できます。

＊すべての仕事に「定型フォーマット」をつくっておく

領収書、請求書、ミーティング書類、提案書、料理教室のレシピ等の紙資料だけでなく、「勝負服」「仕事別のバッグ」等のソフトなものまで定型化しておけばラク。ある上場ＩＴ企業の社長さんは、「海外出張に必要なすべての日用品やシャツ、パスポートまで揃えたバッグ」を常備し、「急遽、翌朝から海外出張」に備えているそう。

＊数日前に、「詰めればよい」状態まで準備しておく

仕事は、一度にすべてを行なう必要はありません。内容を細かく分解し、早めにできることは事前に準備しておけば、当日、何かが起こっても柔軟に対応できます。

仕事を「最小単位に分解して、組み立てる」方式は、お弁当づくりに似ています。お弁当は朝から準備をはじめると2〜3時間かかることもありますが、当日「詰めるだけ」の状態にしておけば、たとえ寝坊しても短時間で仕上がります。3日前にふりかけを混ぜたおにぎり、卵焼き、ハンバーグを冷凍。前日に煮物や常備菜を一品つくっておき、野菜を茹でて冷蔵庫へ。当日は、電子レンジでチン！　身支度をしている30分間で冷まし、あとはお弁当箱に詰めるだけ。小さな作業を数日前から少しずつ積み重ねておけば、当日、慌てることがありません。

no.06

最初の3年間は、がむしゃらに！

ここでちょっと、厳しいお話をしましょう！　この本のタイトルは「マイペースで」となっていますが、時間は融通がきいても、ビジネスの世界はやっぱり厳しいものです。楽しさには、厳しさがつき物ですね―。人生経験がある方は、ご存じのことでしょうが、「宝物ほど、探し出すまでが大変！」。かわいいアイドルだって、素敵なあの歌手だって、3年くらいは下積み経験があります。

起業にも、そんな「必死に、がむしゃら」な時間があるのです。そしてこれがあった人のほうが強いのです。

仕事をはじめて最初の3年間は、「ラクをしよう」なんて思ってはなりません。好きなことですから、昼夜を問わずやった人の勝ち！　実際のところ、起業家って、自分のビジネスのことしか考えていません。成功する人ほど、そう。見惚れるほど美人で、素敵な社長さんも、頭の中はビジネスでぎっちり。美しい姿でハンカチをひざに当ててナイフとフォークでランチを食べながら、「どうすればビジネスがうまくいくか？　そうだ、アレをコウしよう」と考えているハンサムウーマンをたくさん知っています。

最初の3年間は、24時間をあなたのビジネスのために使いましょう。ベッドの掃除をしながら、料理をしながら、子どもを抱っこしながら、頭はビジネスのアイデアに使います。そして、家事の合間にもちょこちょこ仕事。ビジネスを日々、よりよいものにしていきます。女性は「ながら」が得意ですからね。

「どれだけ大変なんだろー」って思いますか？　でも、がむしゃらに、寝る間も惜しんで必死に夢を追いかけるって楽しくないですか？　好きなことを24時間考え続けるって、カラダは大変ですけど、ココロはすっごいイキイキしちゃうんです。夢は、達成するまでの時間が一番楽しい、と大物スターがよく振り返っています。

Part 7

困難こそチャンス！
成功を引き寄せる思考術

no.01

その失敗は「大当たり」かもしれない

大きな成功は失敗のあとにある、なんて言いますが、多くの起業家の方にお会いすると、「それは、ホント！」だと実感します。失敗ってネガティブに聞こえるけれど、基本的に「あるべき、新しい自分になる分岐点」です。信号が切り替わるって言うんでしょうか？

「彼氏に振られた」と泣いていた女性が、その後、仕事をがんばって、もっと自分を応援してくれる男性に出会ったり。ステキな女性経営者には、がんばっている姿に惚れ込む男性が現われたりしています。

学歴、職歴についても一緒。私は、新卒の就職活動でたくさんの企業に落とされた経験があるのですが、20年近く経って振り返ると、「やっぱりあの会社の体質は合わなかった」と感じます。負け惜しみのようですが、「落としてくれて、ありがとう」。不採用通知から数ヶ月は心底落ち込みましたが、自分に合う会社が内定をくれて。相性って大事なんですね、しがみつく必要はない。一般的な成功（っぽいもの）は、いらない。あなたに合うものだけでいいのです。

起業後に、売上を伸ばす時だって同じ。無理して他の会社を真似する必要はありません。だって、経営者の性格も素質も唯一無二。だけど不思議と人間って、自分とまったく違うものに憧れるんですすね、やっかいなのですが（笑）。「自分に一番合うスタイル」を見つけることが成功の鍵。では、どうやって自分に合う方法を探すのか？　それは「失敗」というつまずきでわかります。どれほどがんばっても失敗するのは、あなたに合っていない証拠。「がんばってもうまくいかない」と感じたら、方向転換してください。それで天職を見つけた女性をいっぱい知っています。

no.02

となりの美しい白鳥は、バタ足の達人？

憧れのあの美人。スレンダーな長い脚、きれいなお肌、素敵なお仕事、そして肩書き。「羨ましい、なぜあの人だけ？」と思うことはありますか？　私も、憧れの人は80代から20代までいっぱい、「彼女のようになれたらいいのに」と落ち込む夜も多くあります。

「自分でお金を稼がなければ、実家を出られない」と気づいた18歳の頃から、「人は、どのようにすれば伸びるのか？」が私の探究テーマとなり、外資系コンサルティング会社で働きはじめて、大都会・東京で成り上がっていく人たちに出会い、「どの道をたどれば、あの人のようになれるだろう？」と調べまくりました。

また経営コンサルタントとして、成功した起業家の方々に数え切れないほどお会いし、成功者にはある共通点があることを知りました。

それは、**成功している人ほど、失敗も多いし、〝どんでもない〟苦労をしている。**裏を返せば、**どんな状況でも努力と工夫で乗り切ってきた、**ということです。

99％の確率で、となりの美しい白鳥は、水の中では超高速回転でバタ足をしています。よく、女優さんは顔に汗をかかない、と聞きますが、「美しくなる努力をしている」横顔は決して見せません。冒頭の女性のスレンダーな脚は丹念なマッサージの賜物、お肌ケアにお金をかけ、肩書に合う仕事をするためにたくさんの本を読み、背伸びをして自分を成長させてきたのかもしれない。想像ですが、スーパー・ワーキングマザーと言われる人だって、家の中では長い髪をキュッと束ねて、汗だくで走り回っています。世の中の社長さんは、従業員のいない場所で、業績を上げるために必死に頭をひねっていらっしゃいます。

どこかで美しい白鳥を見かけたら、「どのような努力をしているのか」を調べてみてください。自分で商売をしている人なら、「ブログに毎日、自宅で商品を使用している写真を載せる」「売れそうな商品をリサーチ」「お客様に心のこもったメールをコマメに書く」「寝る間を惜しんで商品を包んで発送」等、細かい努力ばかりだと気づくでしょう。

「工夫をしないで、商品・サービスが売れる方法」を探したのですが、残念ながら、まだ見つかっていません。逆に言えば、もしあなたが今、必死にバタ足をしているなら、確実に美しい白鳥になれるということです。

no.03

最初はうまくいかないから、大丈夫！

「起業したら、どれくらいで稼げるようになるのだろう？」、起業セミナーでも多く受ける質問です。では、お答えを。「大丈夫です、最初はそんなにうまくいきません！」(笑)。でも、事業の宣伝をして見込み客を集める努力をしているうち、誰かのお手伝いをしているうち、そのまいた「種」が少しずつ実を結んでいきます。少しずつ、少しずつ。

あなたの家の近くに、新規開店したお店はありませんか？「どんなお店だろう？」と楽しみなのと同時に、「他のお客さんがいないと、入りにくいな」と思うのではないでしょうか？　あなたのビジネスも同じ、はじめは「様子見」をしている人が多く、すぐにはお客さんがつかないのです。

それを回避し、「はじめからお客様がいる状態にする」方法は、ひとつ。ビジネスを開始する前から、営業活動をしておくこと。

「こんなお店を○○ではじめます」「3ヶ月後に、□□のお教室でワークショップをします」と、親戚、友人、会社の同僚、ママ友、近所の人等、いろいろな人に伝えておきます。だから、最初のお客様はお友だち、というパターンが多い。中には、「お客様を見つけてから起業する」なんて準備万端な人もいますよ。また、フェイスブックやブログで、開業までの様子をアップしておけばファンが生まれるでしょう。

お客様が増えてくるのは、開業から3ヶ月後、半年後など、さまざま。すぐに売上が増えなくてもあせらないで！　階段は少しずつ昇っていくことになります。

no.04

押してダメなら、引いてみよ！

「北風と太陽」という童話を覚えていますか？　北風と太陽のどちらが強いか、勝負するお話で、旅人のマントを脱がせたほうが勝ち。

北風をぴゅーぴゅー吹かせても旅人はマントを脱がないので、一層風を吹かせると、寒いのでもう1枚羽織ってしまう。今度は、太陽がニコニコと笑いかけたら、ぽかぽか暖かくなって、いとも簡単にマントを脱いだ……。

ビジネスもこれに似て、「売りたい」「なぜ買わないんだ？」と思って相手に接していると、マントを脱がない旅人のように、商品は売れていきません。お客様も「にんげん」ですから、背中を押してほしい時もあるけれど、基本的には無理に押されたくないんですね。「結婚して」と言い寄って、男性が逃げていくという女子の悩みと一緒。

ビジネスがうまくいかない時は、だいたい「北風」になっています。いつもニコニコ、相手の幸せを願う「太陽」になったら売れた——よく社長さんから伺う話です。

no.05

理想のライフスタイルをめざして、突っ走れ！

あなたが本当に着たい洋服の色は、何色ですか？　それを日々、身につけていますか？　本当に進みたい道を歩いていますか？　人生は、一度きり。あなたらしい道をめざして突っ走りましょう。もちろん歩いても、道そのものを変えても、逆走してもいい。誰かのためでなく、「あなた」のために、です。

＊あなたを応援する人は、10人中ふたりだけ！

あなたが「新しい」「本来の自分らしい」ライフスタイルを求めて歩きはじめた時、はっきり言って、賛成する人より、反対または批判する人のほうが多いでしょう。

悲観的でしょうか？　実際のところ、本物の親友は、あなたがすることを応援してくれます。本音で「やめたほうがいいよ」と真剣にアドバイスしてくれる専門家や親友の話には耳を傾けたほうがいいでしょう。

でも、嫉妬や取り残される焦りから反対するパターンが意外に多いのが、厄介です。それは、もう気にしないで！　日本には、「今の人間関係を続けるために「自分らしさ」を我慢している女性が多すぎる！　起業には、あなた自身を活かしていきましょう。

あなたの人生をつくるのは、あなた。

家族も、友人も、近所の人も、隣の机に座っている人も、上司も、あなたの「今」はつくれても、あなたが欲しい「未来」はつくれない。だって、「あなたの理想」はあなたしか知らないし、将来の保証は自分自身でつくり上げるもの。個性こそ、命。周囲の反対も、心の不安も、新しいチャレンジにはつきものです。

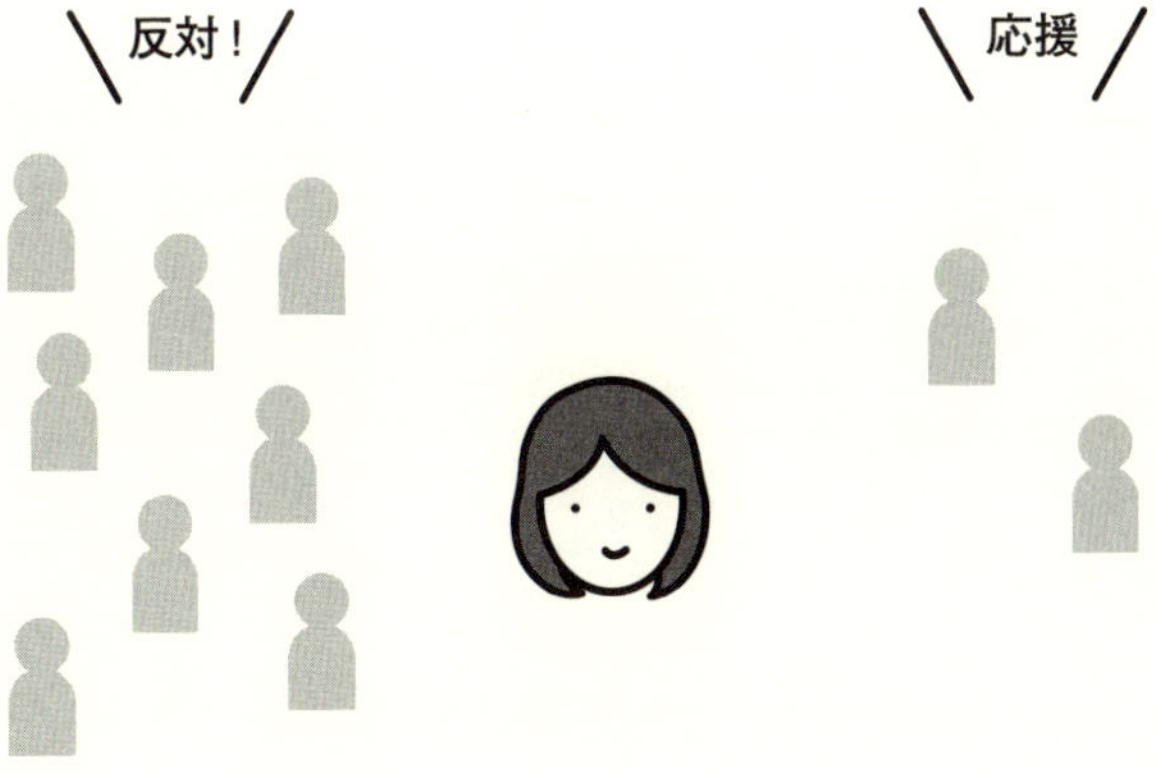

no.06

提案書は、いつも持ち歩きなさい

人には、「何事もうまくいかない時期」がありますが、その時期の時間の使い方で、夢が叶えられるかどうかが決まります。

ある70代の女性から教わったことがあります。「提案書はいつでも出せるよう、カバンの中に入れておきなさい」。チャンスの波がきてから準備をしているようでは間に合わないので、いつでも乗れる準備をしておきましょう。そんなアドバイスでした。

「こんな人に会ったら、こう言おう」「○○関連の会社の人に出会ったら、この提案書を見せよう」と日々考え続けていれば、必ずチャンスに出会えます。それは偶然ではなく、「どのような未来を望むのか？」を紙に書き出すことで、めざすターゲットが明確になり、あなた自身の行動、出かける場所まで変わるから。

うまくいかない数年間が過ぎれば、必ず「何事も驚くほどスムーズにいく時期」がやってきます。「いつでも、提案できる準備」をしておきましょう。

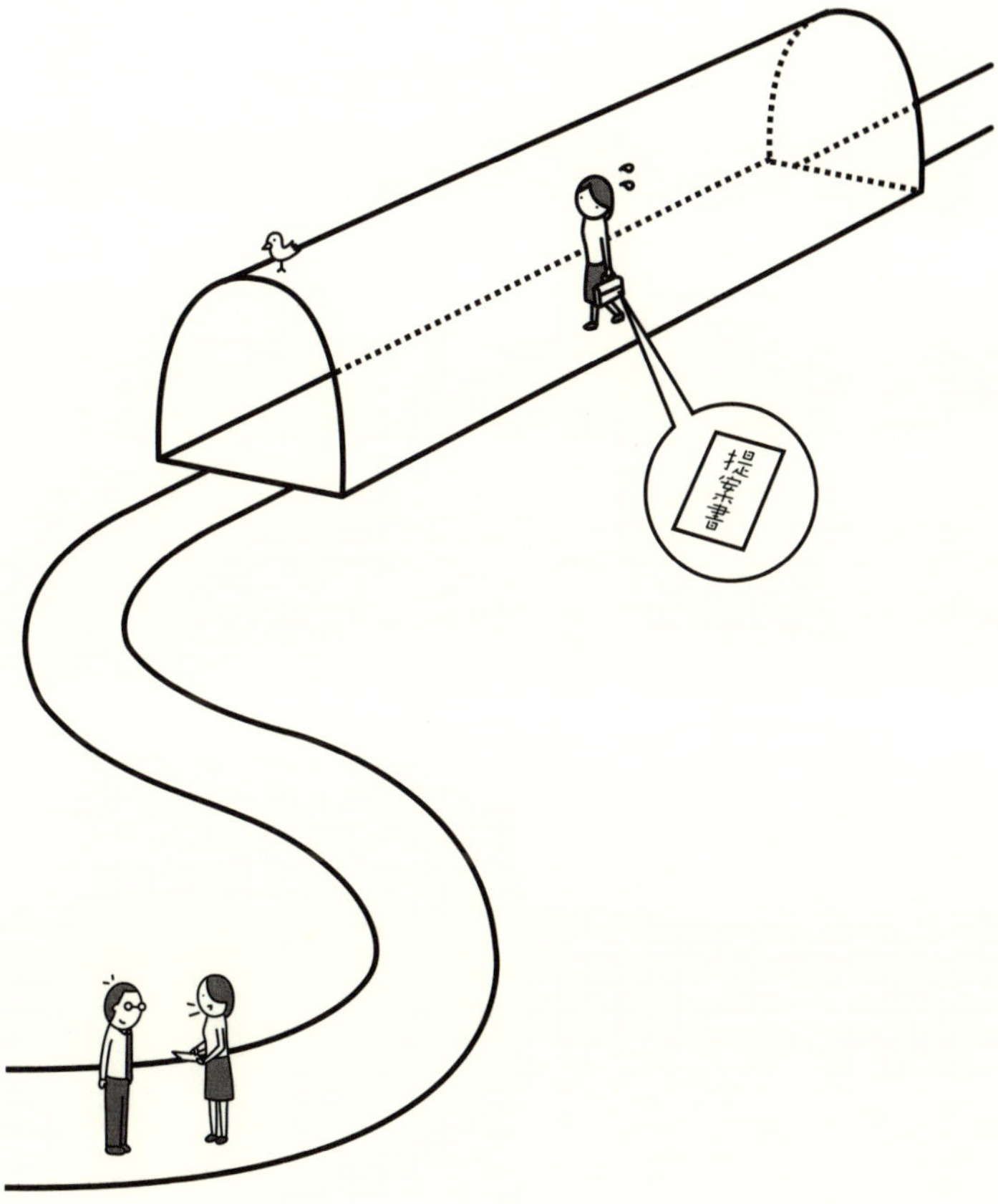
提案書

no.07

成功するのは、どんな人？

「うまくいく人は、何か特別な才能があるのでしょう？」、そう思える時がありますね。特に、テレビや雑誌には成功した人、キラキラしている姿しか出てきませんから。それに経歴や実績を5行くらいにまとめると、華やかなコトしか出てきません。

でも実は、誰にでもキラキラしていない時間が長ーくあるのです、これも私の成功者の研究から見えてきたこと。マスメディアには「よい時」（または「悪い時」！）しか紹介されませんが、その間には「普通の、キラキラしていない時期」があります。ちなみに、その期間が結構長いのです。

最初からいきなり成功してしまう人も稀にはいますが、95％くらいの起業家は、じわじわ、ドカーン！　とくる。「じわじわ」の時期は、地道に真面目に前へ向かって努力している時。種の時から準備して、栄養を吸って、日光を浴びて、ドカーンと花開く。そう、成功する人は、**諦めずに、続けた人**なのです。成功した起業家って、ほとんどの人に「普通なら、ここで諦めちゃうよね。潰れちゃうよね？」という時期があって（大きな成功ほど、こういうピンチが何度もある！）、コンサルティングの現場でも、取材でも、そんなお話をたくさん伺います。

身がよじれるほどつらい場面でも、成功できる人は「逃げない」。そんな経営者さんを、私は心の底から尊敬しています。尊敬、しかない。

もちろん才能も持っているのだと思いますが、その才能は生まれ持ったものというより、「どの分野なら勝てるのか」を素直に知って、自分を信じて突き進む才能。まわりの99%、いや100%が反対しても続ける才能。

そう、「続けた人だけが、成功する」のです。

格差がある社会ですが、「諦めずに続ける」ことは、万人に平等な成功への鍵のようです。

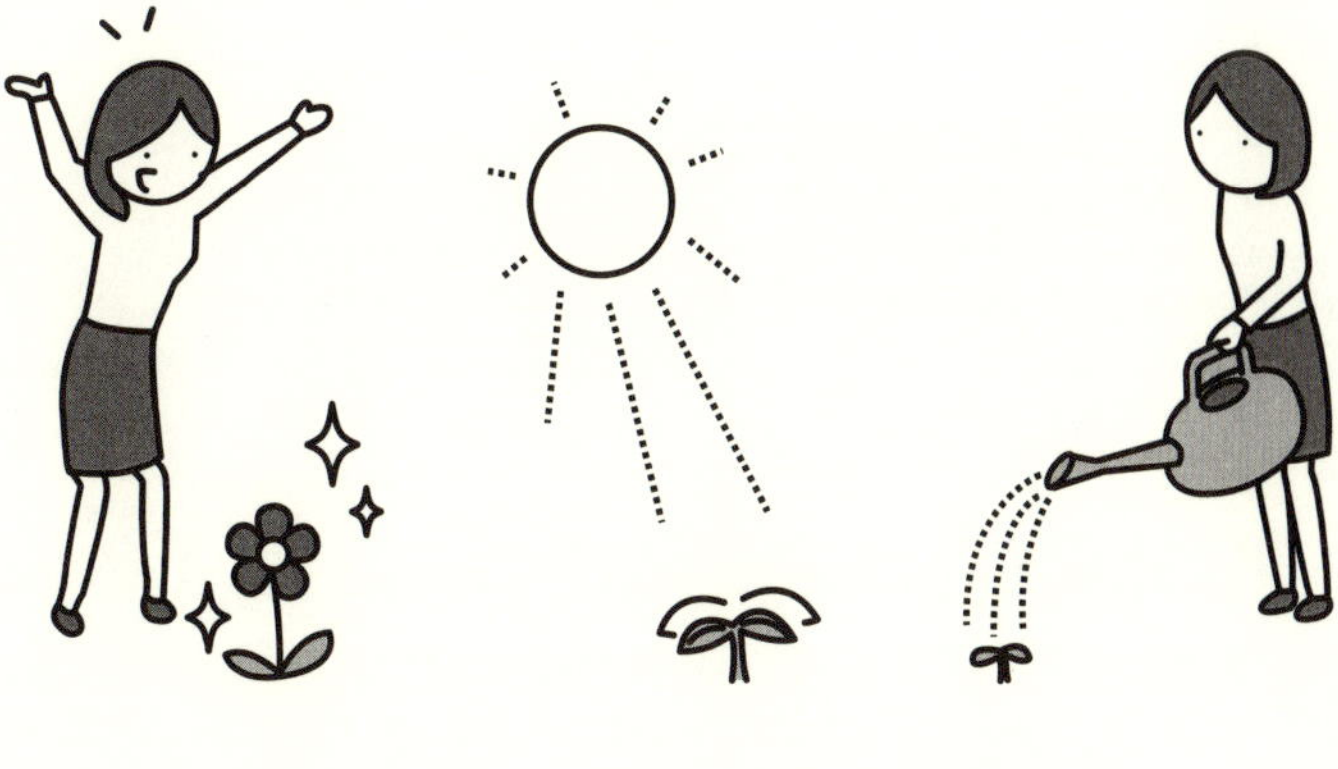

おわりに　オンナの人生、変化だらけ！　運命に流されて楽しくお仕事しませんか？

女性の人生は、変化だらけです。3～4年おきに、人生がガラっと変わるのですから。あなたのまわりにも、こんな方がいませんか？

大企業であんなにバリバリ働いていたのに、パートナーを見つけてアメリカの何とか州に移住。やっと転勤先でご近所に顔を広めたのに、また転勤……？　がんばって就職したのに、子育てに集中したくなって退社……。管理職に抜擢されたばかりなのに、親の介護がはじまった……。

女性の人生は、よくも悪くもパートナーや家族に左右されやすいものです。何かのきっかけで考え方が180度変わる時もありますから、不思議！　です。

でも、どうせ変化するなら、気軽に楽しく暮らしたい！　起業も「一生、これだけで生きていこう」なんて考えなくてもいいんです。

最近は、ライフスタイルの変化に合わせ、何度も起業する女性が増えています。次々に新しい仕事にチャレンジするんですから、柔軟な方々です。

「雑貨屋を10年やったけど、一度たたんで新しいことをはじめます！」と宣言する50代。「海外への転勤3年間、現地で商材と仕入先を確保し、輸入ビジネスをはじめました」と言う40代。20代後半でフランス料理教室を開いたけれど、子育てがはじまって5年間はすこしお休み中」という30代。

一方、20代の方に「ビジネスをこのまま続けられるかどうか心配」と相談され、「大丈夫！　何度でもやり直せます」と答えました。何でしょう、日本では「失敗するとやり直せない」という雰囲気があります。でもそれは考え方の問題で、「今がすべて」ではなく「今だけ」、明日は違う風が吹きますからご心配なく。

現在は、情報技術やマーケットの流れが速く、5年先、10年先は予測できない時代。あなたも、5年後、10年後は、まったく違う生活やお仕事をしているかもしれません。

もっと自由に、「今」を楽しもうではありませんか！

気軽に、「今」できる起業を、楽しみましょう！

最後に、本書の出版にあたっては、同文舘出版の古市達彦さん、優しく丁寧にアドバイスと編集をしてくださった竹並治子さん、快く取材に応じてくださった魅力あふれる起業家の皆様に心から感謝申し上げます。どうもありがとうございます。

「ひとり起業塾」主宰　滝岡幸子

著者略歴

滝岡幸子（たきおか　さちこ）

中小企業診断士・経営コンサルタント、「ひとり起業塾」主宰、ポテンシャル経営研究所代表。外資系コンサルティング会社・プライスウォーターハウスコンサルタント（現 IBM）で、多くの企業の戦略立案、業務改善に従事。2002 年に有限会社ポテンシャルを設立。当初は従業員が増えていく会社をめざしたが、「少ない資金、低リスクで身軽に、自分らしい生き方をめざす『ひとり起業』」のほうが合っていると実感し、大企業とはまったく違う、身の丈にあった経営戦略や働き方を研究し、世の中に提案している。

起業家の生き方、中小企業が勝ち抜く戦略を考えることをライフワークとし、中小企業へのコンサルティング、企業研修、講演・ワークショップセミナー、各種メディアでの執筆連載等の多方面で邁進中。これまで上場企業経営者からひとり起業家まで 300 人の起業家にインタビュー、起業をめざす約 2,000 人にワークショップを開催。

著書に『ど素人がはじめる起業の本』『図解 ひとりではじめる起業・独立』（翔泳社）、『はじめよう！ 移動販売』『マイペースでずっと働く！ 女子のひとり起業 2 年目の教科書』『マイペースで働く！ 自宅でひとり起業仕事図鑑』（同文舘出版）などがある。

HP：http://www.potential7.co.jp
Mail：info@potential7.co.jp

マイペースで働く！

女子のひとり起業

平成 27 年 11 月 25 日　初版発行
令和 6 年 8 月 5 日　19刷発行

著　者 ―― 滝岡幸子

発行者 ―― 中島豊彦

発行所 ―― 同文舘出版株式会社

東京都千代田区神田神保町 1-41　〒 101-0051
電話　営業 03（3294）1801　編集 03（3294）1802
振替 00100-8-42935
https://www.dobunkan.co.jp/

ISBN978-4-495-53261-1
印刷／製本：萩原印刷
Printed in Japan 2015